AF236354

Ingo A. Schulz

Vorbereitung auf den Lebensabend

Seniorenwohnen mal anders

Bibliografische Information der Deutschen Nationalbibliothek:
Die Deutsche Nationalbibliothek verzeichnet diese Publikation in der
Deutschen Nationalbibliografie; detaillierte bibliografische Daten sind
im Internet über http://dnb.dnb.de abrufbar.

© 2022 Schulz, Ingo A.

Herstellung und Verlag: BoD – Books on Demand, Norderstedt

ISBN: 9783756835300

Inhalt

Teil I

Erfahrungsbericht des Autors unter Corona-Bedingungen

Eigentlich hatten wir gar nicht vor, unser Haus am Rande der Stadt aufzugeben. Aber plötzlich ging alles ganz schnell. Über den Arbeiter-Samariter-Bund (ASB) erfuhren wir von einem Wohnpark im Landkreis, wo Eigentumswohnungen speziell für Senioren und Seniorinnen zum Kauf angeboten wurden. Nahezu zeitgleich fragte unsere Hausbank nach, ob wir altersbedingt Interesse am Verkauf unseres Hauses hätten. Bei Ersterem lag der Reiz am Angebot, im Falle eines Pflegefalls in den eigenen vier Wänden betreut zu werden. Bei Letzterem war es die günstige Zinssituation, die für großes Interesse an verfügbaren Wohnimmobilien sorgte.

Natürlich haben wir uns Gedanken gemacht, wollten auf keinen Fall überstürzt handeln. Aber eine Entscheidung zu lange hinauszögern wollten wir auch nicht. Meine Frau, die die Siebzig überschritten hatte, und ich, der kurz vor dem Achtzigsten stand, waren uns im Klaren darüber, dass wir irgendwann mit dieser Situation konfrontiert werden würden. Und die Möglichkeit, das Alter in einer familiären Umgebung verbringen zu können, gab es für uns nicht. Die Tochter und ihre Familie lebten ein paar hundert Kilometer von uns entfernt. Also machten wir kurzen Prozess und entschieden uns für den Verkauf unseres Hauses und den Kauf einer der Eigentumswohnungen.

*

In unserem Haus hatten wir über vierzig Jahre verbracht, an die wir uns immer wieder gern erinnern werden. Doch nun waren nicht nur wir alt geworden, sondern auch unsere Immobilie. Das freistehende Gebäude hätte dem neuesten Gebäudeenergiegesetz zufolge saniert werden müssen. Auch an der Ausstattung vor allem in Küche und Bad hatte die Zeit genagt. Und nicht zuletzt warteten Teile der Außenanlagen auf eine Auffrischung. Insgesamt wären Kosten auf uns zugekommen, die wir angesichts unserer Reiselust sinnvoller einsetzen konnten – abgesehen davon, dass sie zumindest teilweise für die Katz gewesen wären, weil der Käufer eines älteren Anwesens erfahrungsgemäß vieles seinen Vorstellungen entsprechend anders gestaltet.

Beim geplanten Wechsel vom Haus in eine altersgerechte Wohnung spielte ein weiterer Aspekt eine Rolle. Der Arbeitsaufwand wurde zunehmend zu einer Belastung. Meine Frau, die sich mit viel Liebe um den Garten kümmerte, bekam zunehmend Probleme mit ihren Knien. Und ich, der lieber auf der Terrasse die Sonne genoss, konnte mich mit dem Mähen des Rasens im Sommer und dem Schneeräumen im Winter nie so richtig anfreunden.

Nicht zuletzt stellten wir fest, dass selbst die Nutzung der Räumlichkeiten längst nicht mehr der Vergangenheit entsprach. Abgesehen von unseren Schaffensphasen in den Arbeitszimmern hielten wir uns im Sommer vorrangig im Garten auf. Den Winter hingegen verbrachten wir überwiegend im Gästezimmer, wo der Fernseher stand. Das Wohnzimmer nutzten wir nur noch, wenn das Kaminfeuer brannte. Früher, als im Keller noch die Hausbar existierte, war nicht selten das ganze Haus voller Gäste. Doch mit der Zeit wurden die Feiern immer seltener. Die auswärts Wohnenden blieben mehr und mehr weg, während es manche der Ortsansässigen in die Ferne zog. Andere hatten altersbedingt oder leider viel zu früh das Zeitliche gesegnet. Und wieder andere hatten eine seltsame Wandlung vollzogen, was wohl nicht nur am Alter gelegen hat.

*

Was die neue Unterkunft anging, entsprachen die örtlichen Gegebenheiten weitgehend unseren Vorstellungen. Die fast neunzig Quadratmeter große Drei-Zimmer-Wohnung lag in einem nur drei Etagen umfassenden Gebäude und breitete sich – im Gegensatz zu unserem Haus – auf einer Ebene im Obergeschoss aus. Auf der Südseite befand sich ein geräumiger Balkon. Im Innern des Gebäudes standen ein Aufzug und außerhalb eine Garage zur Verfügung. Alles war alten- und behindertengerecht ausgelegt. Auch für den Umweltschutz wurde einiges getan. So wurde z.B. eine Fußbodenheizung mit Fernwärme aus einem externen Blockheizkraftwerk und auf dem Dach eine Photovoltaikanlage betrieben. Selbst das Wohnumfeld ließ nichts zu wünschen übrig. Die ruhige Lage mit Blick ins Grüne wurde um Hausmeisterservice, Lebensmittelnahversorgung und Bahnbusanschluss bereichert.

Dass wir uns für einen Kauf der Wohnung anstelle einer Anmietung entschieden, hatte mehrere Gründe. Die Warteliste der Mietinteressenten war lang. Außerdem bestand jederzeit Kündigungsgefahr wegen Eigenbedarf, was im Mietvertrag festgeschrieben wurde. Und nicht zuletzt musste das Risiko von hoher Miete und turnusmäßigen Mieterhöhungen in Kauf genommen werden. Schließlich machten wir Nägel mit Köpfen und sicherten uns das Vorkaufsrecht.

*

Der Kaufpreis für die neue Wohnung inkl. der Garage war uns bekannt. Das schuldenfreie Haus hatte die Hausbank in ähnlicher Größenordnung bewertet. Also war der Immobilienwechsel für uns kein finanzielles Problem – abgesehen von den Nebenkosten und der Neumöblierung, die wir mit Eigenmitteln decken wollten. Damit stand auch einer Löschung der noch im Grundbuch auf dem

Haus eingetragenen Grundschuld nichts mehr im Weg.

Von der günstigen Zinssituation sollte nicht nur der Käufer unseres Hauses profitieren. Auch wir wollten ein Stück vom Kuchen abhaben. Nicht für die Eigentumswohnung, sondern für den Erhalt eines unter Denkmalschutz stehenden Mehrfamilienhauses, das wir vor fast dreißig Jahren als Altersvorsorge erworben und vorwiegend an Studenten vermietet hatten. Hier lief noch ein Restdarlehen, das wir vorzeitig umschulden wollten, um die wesentlich günstigeren Zinsen in Anspruch nehmen zu können.

Mit der Bereitschaft zum Verkauf des Hauses an einen anderen Kunden der Hausbank kam uns diese entgegen, indem sie der Umschuldung zustimmte. Allerdings mit der Einschränkung, für die der Bank in den noch verbleibenden fünf Jahren entgehenden Zinsen eine angemessene Vorfälligkeitsentschädigung zu zahlen. Da diese für uns akzeptabel war, gaben wir unser Einverständnis, womit der Deal besiegelt wurde.

*

Der übliche Papierkrieg blieb uns leider nicht erspart. Erstens mussten wir eine Selbstauskunft mit persönlichen Angaben, einer Übersicht der Verbindlichkeiten und Vermögensverhältnisse sowie einer Übersicht der Einnahmen und Ausgaben abgeben. Zweitens mussten Objektunterlagen zu dem zum Verkauf stehenden Haus, zum vermieteten Mehrfamilienhaus und zur reservierten Eigentumswohnung beigefügt werden. Diese bestanden jeweils aus Lageplan und Grundrissen, Ansichten und Fotos, einer Baubeschreibung und der Grundbucheintragung. Drittens wurden noch persönliche Unterlagen wie unsere Personalausweise und Rentenbescheide verlangt. Und viertens mussten wir eine persönliche Finanzierungsvorstellung einreichen.

Immerhin hatte sich der Aufwand gelohnt. Die Hausbank bestätigte die vereinbarte Umschuldung, wobei die deutlich höhere, auf das Mehrfamilienhaus eingetragene Grundschuld im Grundbuch bestehen blieb. Mit den nun zu günstigeren Konditionen verfügbaren Mitteln konnten die Sanierungsmaßnahmen an unserem Baudenkmal über die üblichen Instand-

17

setzungsarbeiten hinaus wie geplant in Angriff genommen werden.

*

Was die neue Wohnung betraf, hatten wir uns das Vorkaufsrecht gesichert. Und die Umschuldung unseres alten Darlehens war ebenfalls in trockenen Tüchern. Jetzt konnten wir den Verkauf unseres Hauses in Angriff nehmen, wobei die Bestellung des Maklers über die Hausbank lief.

Der Makler schätzte zunächst den Wert der Immobilie und wich nur geringfügig von der Bankbewertung ab. In diesem Rahmen wurde der Verkaufspreis festgelegt und ein Maklervertrag abgeschlossen.

Anschließend erstellte der Makler ein Exposé, um das Haus wirkungsvoll im Internet anbieten zu können. Zum digitalen Auftritt gehörten Fotos vom Gebäude außen wie innen und vom Garten. Hinzu kamen ein Lageplan des Anwesens und Grundrisse von den Räumlichkeiten. Abgerundet wurde das Ganze mit Detailinformationen wie Kaufpreis, Wohn- und Grundstücksfläche, Zimmeranzahl, Baujahr, Energieangaben und Provisionsbetrag. Abschließend folgte eine detaillierte Objekt- und Umfeld-Beschreibung.

*

Nur wenige Tage, nachdem das Exposé bei der Suche im Internet zu finden war, meldete sich ein halbes Dutzend Kaufinteressenten. Der Makler nahm mit ihnen Kontakt auf und vereinbarte Besichtigungstermine, die er vorher mit uns abgestimmt hatte.

Die Besichtigungen selbst verliefen reibungslos, zumal alle ausgesprochen pünktlich erschienen. Die Resonanz war erstaunlich positiv, was meine Frau überraschte, weil sie wegen des hier und da renovierungsbedürftigen Objekts ihre Zweifel hatte. Ich hatte weniger Bedenken, weil ich davon ausging, dass der Käufer eh seine eigenen Vorstellungen umsetzen würde. Hinzu kam, dass ich sehr offen und ehrlich die Mängel ansprach, was ein gewisses Vertrauen schaffte. Schließlich hatten wir nichts zu verbergen.

Die Hälfte der Interessenten hatte ihre Kaufabsicht vormerken lassen und bat um ein wenig Bedenkzeit. Nur einer aus diesem halben Dutzend hinterließ einen weniger euphorischen Eindruck. Und genau der, der mit Frau und Kleinkind erschienen war, hatte sich als erster zum Kauf entschieden und mit dem Makler einen Vorvertrag abgeschlossen. Die von dem in Holzständer-Bauweise errichteten Haus und dem idyllischen Garten beeindruckten Besucher hatten nie wieder etwas von sich hören lassen. So kann man sich täuschen.

*

Zwei Wochen später hatten wir den Entwurf des Kaufvertrags zur Durchsicht erhalten. Kurz darauf folgte der Termin beim Notar mit der Verlesung des Vertragstextes und der Unterzeichnung aller an der Aktion Beteiligten. Mit der Zusendung der Urkunde war der Übergang der Immobilie auf den Käufer vollzogen. Alles Weitere wurde in den darauffolgenden Wochen abgewickelt und wird an späterer Stelle geschildert.

Vorab übergaben wir dem Käufer einen Ordner mit sämtlichen wichtigen Unterlagen zum Haus und dem dazugehörigen Grundstück. Dazu zählten Grundrisse mit Maßangaben, Baubeschreibung, Gebäudeversicherung, Grundsteuerbescheid, Energieverbrauchsabrechnungen, Gebührenbescheide, Wartungsverträge, Bescheinigungen des Kaminkehrers, Unterlagen über Reparaturen und Investitionen sowie der Energieausweis. So hatte der Käufer die Möglichkeit, sich mit seinem Kaufobjekt nicht nur detailliert vertraut zu machen, sondern auch eine Planung der auf ihn zukommenden Unterhaltskosten aufstellen zu können. Mit dieser Offenlegung aller wichtigen Informationen konnten wir den Übergang unseres Hauses auf den Käufer mit gutem Gewissen vollziehen und zufrieden „Adieu altes Haus" sagen.

*

Unser Haus durfte sich an einen neuen Besitzer gewöhnen, während die neue Wohnung noch auf sich warten ließ. Und genau das war unser Problem. Als Mieter wäre ein Wechsel leichter gewesen, weil wir den Termin des Einzugs in die neue Wohnung mit dem Termin des Auszugs aus der Mietwohnung unter

Berücksichtigung der dreimonatigen Kündigungsfrist leichter hätten abgleichen können. So aber war uns klargeworden, dass wir nach einer Übergangslösung suchen mussten, um nicht vorübergehend auf der Straße zu landen. Vor allem die Zeitspanne bereitete uns Sorgen, da wir noch rund anderthalb Jahre bis zur Fertigstellung der neuen Wohnung vor uns hatten.

Möblierte Möglichkeiten gab es zwar mehrere, aber alle waren entweder langfristig ausgebucht oder wurden erst zu einem späteren Zeitpunkt frei. Oder wir hätten zusätzliches Geld in eine Notlösung stecken müssen, weil der größte Teil der Einrichtung Einbaumöbel waren, die wir nicht weiterverwenden konnten. Das aber wollten wir unbedingt verhindern.

Was also sollten wir tun? Der Zufall beantwortete die Frage. Und zwar auf eine Art und Weise, die wir uns nicht hätten träumen lassen. Ein Anruf unseres Hausarztes war der Auslöser für eine Geschichte, die explizit erzählt werden muss.

*

Meine Frau führte seit Jahren das Büro des Ärztlichen Kreisverbands – abgekürzt *ÄKV* genannt. Eingestellt hatte sie ein praktizierender Arzt, der kurz vor der Pensionierung stand und nun sowohl den Posten des Vorsitzenden des ÄKV als auch seine Arztpraxis zur Verfügung stellte. Sein Nachfolger, der schon bald unser Hausarzt wurde, übernahm sowohl die Leitung des ÄKV, dessen Büro außerhalb der Innenstadt lag, als auch die Arztpraxis, die sich – wie die Wohnung des in den Ruhestand gegangenen Arztes – in einem Haus am Rande der Altstadt befand.

Einige Jahre später – kurz vor dem Kauf des zuvor erwähnten Mehrfamilienhauses – entschieden wir uns für den Verkauf einer nicht wieder vermieteten Eigentumswohnung und fanden auch relativ schnell einen Käufer. Zu unserer Überraschung handelte es sich um eben diesen pensionierten Arzt und seine Frau, die die Wohnung für einen ihrer beiden Söhne vorgesehen hatten.

Der Arzt starb einige Jahre nach der Jahrtausendwende. Seine Frau folgte ihm rund fünfzehn Jahre später und zwar just zu der Zeit, als wir auf der Suche nach einer Übergangslösung waren. Und genau diese, nämlich die frei werdende Wohnung betreffende Nachricht erhielten wir von unserem Hausarzt.

*

Soweit diese kuriose Geschichte, die aufzeigt, wie das Leben manchmal spielt. Als wir uns die über der Arztpraxis gelegene Wohnung anschauten, hatten wir genau das gefunden, was wir gesucht hatten. Die Wohnung war, bis auf die Betten im Schlafzimmer, voll möbliert. Außerdem waren noch genügend Räumlichkeiten vorhanden, um all unsere Kartons mit dem für die altersgerechte Wohnung bestimmten Hausrat unterzubringen. Zufrieden sein konnten schließlich beide Seiten. Die Söhne, weil ihnen für die Renovierung der Wohnung anderthalb Jahre Zeit blieb. Und wir, weil wir bis zum Einzug in die neue Wohnung eine adäquate Unterkunft gefunden hatten. Von der kuriosen Geschichte hatten die Söhne übrigens zum ersten Mal erfahren.

Die erforderlichen Formalitäten waren schnell erledigt. In dem von beiden Seiten unterzeichneten Mietvertrag auf Zeit hatten die

Söhne auf eine Kaution verzichtet und uns die vom Hausarzt gemietete Doppelgarage mit dessen Einverständnis zur kostenlosen Mitbenutzung überlassen. Bis zum Einzug blieben uns jetzt sogar noch zwei Monate Zeit.

*

Noch gab es eine Menge zu erledigen, ehe wir unser Haus nicht nur vertraglich, sondern auch persönlich verlassen konnten. Und weil wir die Wartezeit ohnehin überbrücken mussten, bis wir in unsere Übergangslösung einziehen konnten, schlossen wir mit dem Käufer einen Mietvertrag auf Zeit ab und zahlten die zu erwartende Kaltmiete im Voraus.

In der Zwischenzeit erfüllte der Notar seinen Treuhandauftrag. Unsere im Grundbuch eingetragene Grundschuld wurde nach unerklärlichen Verzögerungen endlich gelöscht. Daraufhin wurde der Käufer mit der Zahlung des Kaufpreises beauftragt. Im Anschluss an unsere Bestätigung des Geldeingangs konnte der Notar die Eigentumsumschreibung im Grundbuch vornehmen.

Auch wir standen in der Pflicht, mussten zunächst die auf den Käufer übergehenden Verträge für die Nebenkosten umschreiben lassen. Dazu zählten die Gebäudeversicherung, die Energieversorgung mit Strom und Wasser, die Grundsteuer, die Straßenreinigung und Abfallentsorgung sowie die Wartungsverträge für die Ölheizung, den Feuerlöscher und die Rauchmelder.

Nur wenig später wurden wir zur Kasse gebeten, mussten die anteilige Maklerprovision sowie die Gebühren für den Notar und die Grundbuchkosten überweisen.

Unsere letzte Handlung bestand darin, den Käufer mit den technischen Einrichtungen vertraut zu machen. Hierbei handelte es sich um die Ölheizung mit Tank und Einfüllstutzen, den Strom- und Wasseranschluss, die Anschlussmöglichkeit an die Gasleitung, das Festnetztelefon, das Breitband für schnelles Internet und die Satellitenschüssel.

Interesse an irgendwelchen Möbeln oder sonstigem Hausrat hatte der Käufer nicht, so dass wir den größten Teil der Einrichtung als Sperrmüll deklarieren mussten. Einzig den Rasenmäher und das Schneeräumgerät nahm er unter seine Fittiche.

*

Nachdem alles geregelt war, konnten wir mit dem Packen der Kartons beginnen, die uns die Umzugsfirma zur Verfügung gestellt hatte. Wir waren selbst überrascht, wie viel Hausrat sich im Laufe von über vierzig Jahren angesammelt hat. Und noch erstaunter waren wir, als wir feststellten, wie viele Dinge wir entbehren konnten. Dabei mussten wir an unseren Enkel denken, der mit etwa fünf Jahren beim Anblick eines uns nicht mehr geläufigen Gegenstands gefragt hatte: Braucht man das?

Am Ende waren es dennoch rund vierzig Kartons voller Hausrat, darunter Elektronik wie TV-Apparat, HiFi-Anlage samt Tonträgern und Computertechnik, Eigenkreationen wie Keramik meiner Frau sowie von mir verfasste Fach- und Unterhaltungsliteratur, jede Menge Bücher, Aktenordner und Büromaterial sowie einst übliche Bürogeräte wie Abakus, Rechenschieber und -maschine, Tintenfass, Schreibmaschine, Paginierstempel usw.

27

Besonders empfindliche Sachen brachten wir mit unserem Pkw in die Übergangswohnung. Und manches, das wir nicht mehr benötigten, wurde von Interessenten abgeholt. Das meiste aber fand keine Abnehmer – selbst wenn es fast neuwertig war. Allein diese Tatsache zeigte uns, dass wir nicht mehr in einer Wohlstands-, sondern in einer Überfluss- und Wegwerfgesellschaft lebten.

Auf jeden Fall war so viel Kleinkram übriggeblieben, dass wir auch diesen vorab per Pkw wegbrachten – dieses Mal allerdings zum Wertstoffhof. Schließlich konnten wir noch weniger aufwändige Demontagen wie die von offenen Schrankwänden und einfachen Regalen selbst vornehmen, um den Möbelpackern Zeit und uns Geld zu sparen.

*

Am Tag des Umzugs blieb für die Umzugsfirma noch genug zu tun. Der nach wie vor benötigte, überwiegend in Kartons untergebrachte Hausrat sowie die Wohnzimmercouch, die beiden Bürostühle und das Doppelbett mussten mit dem Lkw in die Übergangswohnung transportiert werden – und zwar getrennt nach der Nutzung in der vorübergehend gemieteten und der künftig zu beziehenden Wohnung. In letzterem Fall wurden die besonders gekennzeichneten Kartons und die erwähnten Möbelstücke – das Doppelbett ausgenommen – in separaten Räumen abgestellt, während die zunächst für die gemietete Wohnung bestimmten Kartons ausgepackt und das Doppelbett, das beim nächsten Umzug entsorgt werden sollte, im Schlafzimmer aufgestellt wurden.

Auch die kompliziertere Demontage von Einbaumöbeln blieb der Umzugsfirma vorbehalten. Dies betraf das Küchenmobiliar ebenso wie die schwierig zu lösenden Regale in der Abstellkammer und in der Gartenhütte. Hinzu kam das Verladen schwerer Möbel – darunter ein halbes Dutzend Schränke, eine Schlafcouch, ein Schreibtisch, die Gefriertruhe und die Waschmaschine. All das konnte in beiden Wohnungen nicht mehr verwendet werden, galt folglich als Sperrmüll und musste per Lkw zum Wertstoffhof gefahren und dort entsorgt werden.

Nach Beendigung der Umzugsaktion wurden die Demontage-, Verlade- und Transportkosten abgerechnet.

Nach der kompletten Räumung und Reinigung des Hauses konnte die Übergabe an den Käufer erfolgen. Einem gemeinsamen Rundgang erst durch den Garten und dann durch das Gebäude folgte abschließend die Schlüsselübergabe. Es war das allerletzte Mal, dass wir unser einstiges Domizil betreten haben.

*

Die Beziehungen zum einstigen Wohnort hielten wir aufrecht, zumal wir nach unserem Ableben auf dem dortigen Friedhof die letzte Ruhe finden wollen. Der Stammkneipe blieben wir ebenso treu wie der Vermieterin einer von uns bis dahin genutzten Garage. Auch der vertraute Forst wird uns weiterhin begleiten – nur mit dem Unterschied, dass wir am künftigen Wohnort auf der anderen Seite des beliebten Waldes unser Rentendasein genießen werden.

Unsere frühere Nachbarschaft hingegen vermissten wir nicht. Der eine störte häufig die Ruhe mit dem Gebrauch seiner Motorsäge, die andere tat gleiches, indem sie ihren verhaltensgestörten Köter unentwegt kläffen ließ, und ein Dritter nervte mit seinen penetranten Reklamationen, soweit es die Höhe der Thuja-Hecke betraf. Dass sich bis dahin eher desinteressierte Nachbarn plötzlich neugierig nach den Gründen unseres Wegzugs erkundigten, fanden wir besonders kurios und soll hier nur am Rande erwähnt werden.

*

Das Haus am Rande der Altstadt war uns nicht fremd. Nicht nur der Anblick der Fassade, auch ein Teil des Innenlebens war uns geläufig. Jedes Mal, wenn wir unseren Hausarzt aufsuchten, mussten wir durch das Treppenhaus bis in die erste Etage hinaufgehen, um in die Praxis zu gelangen. Daran hatte sich auch nichts geändert.

Gewechselt hatte der Laden, der sich im Erdgeschoss befand. War zuletzt ein Maklerbüro dort ansässig, war es jetzt ein Geschäft mit dem Namen „Change of Cards", in dem die japanischen Yu-Gi-Oh!-Sammelkarten angeboten und in alle Welt verschickt wurden.

Angeblich lagerte dort etwa eine halbe Million dieser Karten, mit denen unter anderem auch gespielt werden konnte. So nahm zum Beispiel das meist gleiche Team jeden Samstag in den Räumen dieses Geschäfts an bundesweit stattfindenden Wettkämpfen teil. Die Spieler hatten sich zum Teil sogar entsprechend verkleidet. Der Laden schien zu brummen, wenn man die vor dem Haus auf den Postversand wartenden Stapel von Paketen sah. Und wir wunderten uns schon, womit man als Gewerbetreibender heutzutage offenbar viel Geld verdienen kann.

Die – außer unserem eigenen Doppelbett im Schlafzimmer – sonst vollständig möblierte Wohnung im zweiten Obergeschoss war geräumig und bot zugleich genügend Platz für unseren Hausrat, der für die erst in anderthalb Jahren bezugsfertige Wohnung bestimmt war. Vom langen Korridor aus waren die Zimmer rundherum angeordnet. Links befanden sich das Bad mit angeschlossenem Waschraum und die Küche samt Essecke. Geradeaus ging es ins große Wohnzimmer und von dort aus sowohl ins Schlafzimmer als auch auf die Dachterrasse, die außer mit einer Markise mit einem

Heizstrahler ausgestattet war. Der Blick von oben auf eines der Stadttore war reizvoll, vor allem nachts, wenn das Tor und ein Teil der alten Stadtmauer angestrahlt wurden. Rechts vom Korridor lagen ein Abstellraum und das Arbeitszimmer, die durch einen Schacht voneinander getrennt und zum Teil mit unserem erwähnten Hausrat vollgestellt waren. Der in allen Etagen rundum mit Fenstern versehene Schacht umgab einen kleinen Innenhof. Ebenfalls auf der rechten Seite und damit gleich neben der Eingangstür befand sich die Gästetoilette.

Vom Abstellraum aus führte eine Holztreppe ins Dachgeschoss, wo früher die beiden Söhne der Arztfamilie untergebracht waren und das Teil der gemieteten Wohnung war. Dort gab es eine kleine Küche, einen kleinen Raum mit Dusche und WC, zwei kleine Schlafräume und einen großen Wohnraum. In einem der Schlafräume, in denen die Betten entfernt worden waren, hatten wir weiteren aufzubewahrenden Hausrat untergestellt. Vom Hausflur aus gab es außerdem noch einen separaten Zugang über eine steile Metalltreppe, so dass wir das Dachgeschoss auch untervermieten konnten, falls wir das wünschten.

Das hatten wir eigentlich nicht vor. Aber der Inhaber des im Erdgeschoss untergebrachten Geschäfts „Change of Cards" suchte eine Bleibe für seinen bei ihm tätigen Bruder. Der sah sich das Dachgeschoss an und sagte spontan zu. Einziehen wollte er aber erst in gut zwei Monaten, wenn sein bisheriger Mietvertrag ausgelaufen war. Wir waren einverstanden und hofften auf einen zuverlässigen Mieter, zumal der Geschäftsinhaber ihn mit scheinbar gutem Gewissen empfohlen hatte. Wenige Tage später schlossen wir den Mietvertrag ab.

Die kostenlose Nutzung der überlangen Garage, die wir mit unserem Hausarzt teilten, war ein Glücksfall, zumal der Zugriff auf unser weiter hinten stehendes Auto nie ein Problem darstellte. Der Herr Doktor hatte einen festen Zeitplan, den er fast auf die Minute einhielt. So konnten wir festgelegte Termine, bei denen wir auf den Wagen angewiesen waren, stets pünktlich einhalten. Auch mit dem inzwischen praktizierenden Nachfolger, unserem neuen Hausarzt, gab es diesbezüglich keine nennenswerten Probleme.

Im Hausflur befand sich übrigens noch ein vom Erdgeschoss bis ins zweite Obergeschoss führender Schienenstrang, auf dem man mit einem Treppenlift nach oben fahren konnte. Der aber war schon recht altersschwach und bewegte sich nur noch im Zeitlupentempo. Manchmal funktionierte er auch gar nicht. Schon bald verzichteten wir auf die Benutzung und trennten das Gefährt, das sich nebenbei als Energiefresser entpuppte, vom Stromnetz.

*

Während meine Frau mit dem Auspacken der für die Übergangswohnung bestimmten Kartons beschäftigt war, hatte ich andere Aufgaben zu erledigen. Für die Zahlung der Miete musste bei unserer Hausbank ein Dauerauftrag eingerichtet werden. Die Zählerstände für Gas und Strom mussten abgelesen und ein Antrag beim Energielieferanten mit Lastschrifteinzug gestellt werden. Die Beschilderung von Briefkasten und Türklingel mit unserem Namen war vorzunehmen. Es folgten die Installation des Festnetztelefons durch die Telekom, das Stellen eines Nachsendeauftrags bei der Post, die Beantragung der Lieferungsänderung bei der Tageszeitung, die Anpassung der Haftpflicht- und Hausratversicherung sowie Mitteilungen der neuen Wohnadresse an Renten-, Kranken- und Sachversicherungen, Banken, Finanzamt, Rundfunk und Fernsehen, Ärzte, Firmen mit enger Geschäftsbeziehung und Privatpersonen. Bei der Kfz-Zulassungsstelle und dem Einwohnermeldeamt musste ich sogar persönlich vorstellig werden.

Die ersten Tage waren wir derart beschäftigt, dass uns die Umstellung auf die neue Umgebung gar nicht so richtig bewusst wurde. Doch schon bald sollte sich nicht nur unser Leben schlagartig ändern.

*

Das Wohnen am Rande der Altstadt – zum ersten Mal in unserem Leben hatten wir unser Quartier mitten im städtischen Trubel aufgeschlagen – sollte natürlich nicht von Stubenhockerei geprägt sein. Wenn wir schon die Möglichkeit hatten, auf das Auto weitgehend verzichten zu können, wollten wir die Gelegenheit auch beim Schopf ergreifen. Schließlich gab es eine Menge Lokale zu entdecken, die wir als Landbewohner bis dahin gemieden hatten. Und nicht nur Speis und Trank galt es zu probieren, sondern auch kulturell hofften wir auf das eine oder andere Ereignis. Nicht, dass wir uns der Masse anschließen wollten. Aber Besuche von Orgelkonzerten oder Aufführungen im Theater reizten uns schon. Und wenn es dabei spät geworden wäre, weil wir uns noch das eine oder andere Glas Bier oder Wein gönnten, hätte die Heimkehr keine Probleme bereitet. Denn jetzt konnten wir den Rückweg zu Fuß antreten.

Doch all die schönen Pläne, die wir geschmiedet hatten, wurden jäh zunichte gemacht. Ein rücksichtsloses Virus hatte uns die Laune verdorben und breitete sich in rasendem Tempo aus, bis die Lage außer Kontrolle geriet.

Außer denjenigen Läden, die die Grundversorgung der Bevölkerung sicherstellten, mussten alle anderen Geschäfte schließen. Zu den Bevorzugten gehörten unter anderen Supermärkte, Apotheken, Banken und Tankstellen. Die Gastronomie durfte nur zeitlich begrenzt öffnen, konnte aber Essen zum Mitnehmen anbieten oder außer Haus liefern. Schließen mussten alle Freizeiteinrichtungen. Abgesagt wurden alle Veranstaltungen und Versammlungen. Schulen und Kitas verabschiedeten sich in die Ferien. Und der Tourismus kam fast vollständig zum Erliegen. Sowohl Reisewarnungen als auch Appelle, auf nicht zwingend notwendige Reisen zu verzichten, sorgten für Frust statt Reiselust. Vor allem die Angst, im Ausland festzusitzen, hielt viele von ihrem Vorhaben ab.

Die von der Schließung betroffenen Betriebe sollten finanziell unterstützt werden. Dem medizinischen Bereich wurden der Ausbau von Bettenkapazitäten und die Aufstockung von Pflegepersonal zugesagt. Und um die Lage nicht weiter eskalieren und unnötige Zeit verstreichen zu lassen, bis die ersten Todesfälle gemeldet wurden, verkündeten Politiker sowie Ärzte und Wissenschaftler, dass insbesondere Risikopersonen Verhaltensregeln zu beachten hatten. So sollte grundsätzlich großen Menschenansammlungen aus dem Weg gegangen werden. Besuche von öffentlichen und vor allem medizinischen Einrichtungen wie Krankenhäusern, Alten- und Pflegheimen sollten möglichst vermieden werden. Auf private Besuche und Feiern sollte generell verzichtet werden. Und Hygiene-Regeln sollten unbedingt eingehalten werden. Dazu zählten gründliches Händewaschen und genügend Abstand halten.

Das Virus hatte uns also voll im Griff. Und dennoch konnte es uns am endgültigen Kauf der Seniorenwohnung nicht hindern. Der Notar hatte uns vor Wochen einen Entwurf des Kaufvertrags, der Teilungserklärung und der Bezugsurkunde zugeschickt. Jetzt, einen Monat später, folgten die Beurkundung in seiner Kanzlei und kurz darauf die Zusendung der von allen Beteiligten unterzeichneten Urkunden. Juristisch betrachtet waren wir jetzt Eigentümer einer Eigentumswohnung, die zwar noch nicht bezahlt, aber auch noch nicht fertiggestellt war.

Die regelmäßige Besichtigung der Baustelle konnte das Virus ebenfalls nicht verhindern. Wir waren erstaunt, wie schnell die Baufirma den Rohbau in die Höhe gezogen hatte. Innerhalb von drei Monaten stand das Gebäude, so dass wir unsere Wohnung sogar schon im Rohzustand besichtigen konnten, wenn auch das Betreten der Baustelle eigentlich verboten war.

In der Folgezeit äußerten wir noch einige Sonderwünsche. Auch an der Bemusterung im Büro des Architekten nahmen wir teil. Schließlich warteten wir nur noch auf die Fälligkeit der ersten Baufortschrittsrate. Das aus dem Hausverkauf stammende Geld befand sich längst auf dem Bankkonto.

*

Die Corona-Krise sorgte immer wieder für neue Hiobsbotschaften. Arbeitnehmer mussten nach Kontakten mit infizierten Kollegen oder Geschäftspartnern in häusliche Quarantäne, andere wurden nach der Schließung des Betriebes in Kurzarbeit geschickt und nicht wenige wurden gleich gekündigt, wobei nicht sicher war, ob manche Großunternehmen das Virus als Vorwand nutzten, um sich von einem Teil des Personals trennen zu können.

Um die Sicherheit seiner Ersparnisse musste hingegen niemand fürchten. Die Verbreitung derartiger Falschmeldungen diente lediglich dem Zweck, die Bevölkerung zu verunsichern.

Auch die Geldautomaten wurden weiterhin befüllt. Manche Aktien verloren zwar an Wert. Vor Panikverkäufen wurde aber dennoch gewarnt, weil sich die Lage vieler börsennotierter Unternehmen erfahrungsgemäß nach jedem Tief wieder erholte. Wie die Ersparnisse waren natürlich auch die Renten sicher. Und Immobilien galten schon immer als sicherste Geldanlage – ein optimaler Versicherungsschutz vorausgesetzt.

Wie immer in Extremsituationen waren auch dieses Mal die kleinen Gauner und großen Ganoven sofort zur Stelle. Jeder versuchte, den Bürgern mit neuen Maschen das Geld aus der Tasche zu ziehen. So tummelten sich gleich mehrere Anbieter von angeblich rar gewordenen Atemmasken mit weit überhöhten Preisen im Internet. So manche fielen darauf herein und zahlten auch noch per Vorkasse. Auf die Lieferung warten sie vermutlich noch heute. Auch E-Mails mit zweifelhaften Benachrichtigungen wurden massenhaft verschickt. Entweder ging es um Kontosperrungen oder um Gewinne. Wer einen entsprechenden Link anklickte, tappte natürlich in eine Falle. Nicht zuletzt kam der Enkeltrick wieder zum Einsatz. Wer unbekannten Personen Geld oder Wertsachen übergab, war am Ende der Dumme. Die Polizei riet zwar stets aufs Neue, wachsam und Fremden gegenüber misstrauisch zu sein. Aber wie so oft, wenn es vor allem ums Geld geht, scheinen einige den gesunden Menschenverstand ausgeschaltet zu haben.

*

Das Virus hatte sich inzwischen zur Pandemie entwickelt. Und wir fragten uns schon, wie es möglich war, dass sich immer mehr Leute infizierten. Jeder wusste doch inzwischen, was er zu tun hatte, um sich vor dem Erreger zu schützen. Was medizinisches Personal und Patienten in Krankenhäusern sowie Pflegekräfte und Bewohner in Alten- und Pflegeheimen betraf, war die Ansteckungsgefahr noch nachvollziehbar. In allen anderen Fällen aber spielte wohl eher Nachlässigkeit eine entscheidende Rolle. Und dass der Herdentrieb nach wie vor dominierte, grenzte geradezu an Schwachsinn.

Auch in unserem Übergangsdomizil kam nicht nur Freude auf. Und das lag nicht an der Wohnung oder den Vermietern, sondern an bestimmten Dienstleistern. Trotz der Ummeldung unserer Wohnadresse führte uns die Telekom noch unter der alten Adresse. Und das, obwohl die Telefonanlage in den Räumen der neuen Adresse installiert worden war. Die Post, die per E-Mail neue Eingänge in unserem Postfach ankündigen wollte, um uns unnötige Wege zu ersparen, schickte ab und zu keine Mail, obwohl das Postfach voller Briefe war. Die Gebühren für Radio und Fernsehen wurden trotz schriftlichem Änderungsantrag vom Konto der früheren Hausbank abgebucht. Diese wiederum war es, die unsere beantragte Grundbuchlöschung verschleppte und die EC-Karte sperrte, obwohl keine Verbindlichkeiten mehr existierten, aber noch genügend Geld auf dem Konto vorhanden war. Und das Finanzamt wies mich auf meine Nachfrage zur Einkommensteuererklärung 2020 auf das Elster-Formular hin, obwohl ich verpflichtet war, ab sofort Mein-Elster zu benutzen. Ich habe immer geglaubt, die Nutzung eines Computers würde den Leuten die Arbeit erleichtern. Aber scheinbar ist eher das Gegenteil der Fall. Man verlässt sich voll und ganz auf den Computer und vergisst dabei das gewissenhafte Lesen einer Nachricht. Die neue Technik ersetzt schließlich nicht das Denken ihrer Benutzer.

Der ausgebliebene Denkprozess war wohl auch der Auslöser für die Pandemie. Die Folge war, dass der große Teil derer, die die Verhaltensregeln befolgten, für die Rücksichtslosigkeit einer intellektuell retardierten Minderheit büßen musste. So galt ab sofort eine Ausgangsbeschränkung. Das Verlassen der Wohnung war nur bei triftigen Gründen erlaubt, wobei auf eine Kontaktminimierung mit Mindestabstand zu achten war. Und für medizinische und soziale Einrichtungen wurde ein Besuchsverbot erlassen. Die Polizei führte jedenfalls regelmäßige Kontrollen durch, bei denen Ordnungswidrigkeiten geahndet wurden.

Auch für unsere Seniorenwohnung gab es Neuigkeiten. Der Notar hatte die Auflassungsvormerkung im Grundbuch veranlasst. Und wir mussten die Grunderwerbsteuer, die Gebühren für den Notar und die Grundbuchkosten bezahlen. Auch die erste Baufortschrittsrate war inzwischen fällig geworden.

*

Mit dem Wechsel vom Frühjahr zum Sommer erfolgte der Übergang vom Corona-Virus zur Normalität. Die auferlegten Einschränkungen wurden allmählich gelockert. Allerdings gab es Regeln wie Mindestabstand zu anderen Personen, Maskenpflicht in Innenräumen, keine Menschenansammlungen und Einlassbeschränkungen für Kunden und Besucher zu beachten.

Bei Demonstrationen gegen die Corona-Regeln verhielten sich Verschwörungstheoretiker, Impfgegner, Rechtspopulisten und notorische Demonstranten nicht nur aggressiv, sondern auch rücksichtslos gegenüber denjenigen Teilnehmern, die sich an die Auflagen zum eigenen Schutz und dem Schutz anderer hielten.

Von unserem Übergangsdomizil aus konnten wir jetzt endlich das eine oder andere in der Stadt angesiedelte Lokal zu Fuß besuchen, eine Kleinigkeit essen und mit gutem Gewissen ein paar Bier trinken. Doch auch in die von uns bevorzugten Gasthöfe auf dem Land zog es uns immer wieder, obwohl diese nur mit dem Auto oder dem Bus zu erreichen waren. Jeden Mittwoch aber, wenn ich allein war und meine Frau im Büro des Ärztlichen Kreisverbands arbeitete, genoss ich im Biergarten das meist schöne Wetter und ein Bier mit Brezel.

Wenn wir nicht unterwegs waren, nutzten wir die Sonne auf der Dachterrasse. Von dort oben konnten wir die unterschiedlichsten Beobachtungen anstellen: am Nachmittag die Flaschenbier saufenden Typen gleich neben dem Stadttor; am Abend und oft bis in die Nacht die Schwätzer und Raucher vor dem nebenan gelegenen Hotel; das oft den ganzen Tag über penetrante Kläffen des gegenüber auf einer Terrasse hin- und her hetzenden Köters; und die immer wieder vorbeirasenden Rettungsfahrzeuge von Notarzt, Polizei und Feuerwehr mit Sirenengeheul.

Zwischenzeitlich gab es weitere Lockerungen. Die Sperrstunde wurde verlängert. Stammtischrunden und größere Partys waren wieder erlaubt. Shoppen, Sport und Kultur waren eingeschränkt möglich. Und auch bei Gottesdiensten und im Tourismus wurden Zugeständnisse gemacht. Außerdem wurde ein großes Konjunkturpaket geschnürt, wobei wir uns allerdings fragten, wie das alles finanziert werden sollte.

So sehr wir auch mit dem Virus konfrontiert wurden, durften wir unsere Seniorenwohnung nicht aus den Augen verlieren. Es gab nach wie vor noch viel zu tun. Nicht nur für den Bauträger, der mit den Innenarbeiten beschäftigt war. Wir waren ebenfalls gefordert, mussten uns allmählich mit der neuen Möblierung befassen. Zum Glück fanden wir eine Schreinerei, bei der wir alle für die Wohnung benötigten Möbel aus einer Hand beziehen konnten. Der größte Teil stammte dabei aus Serienfertigung.

*

Vor einer zweiten Corona-Welle war stets gewarnt worden. Gerade in der kalten Jahreszeit vom Spätherbst bis über den Winter hinaus fand das Virus ideale Bedingungen, um sich weiter ausbreiten zu können. Nicht wenige hatten die Warnungen in den Wind geschlagen. Und so war es nur eine Frage der Zeit, wann das Teufelszeug wieder zuschlug.

Besonders in Bayern, wo das Hochgebirge greifbar nahe war und die Temperaturen schnell in den Minusbereich rutschten, fand das Virus ideale Bedingungen für eine rasche Verbreitung. Wen wunderte es da, dass die Infektionszahlen in die Höhe schnellten. Das Gesundheitsministerium führte eine Corona-Ampel ein. Für mehr als die Hälfte aller Landkreise und kreisfreien Städte zeigte die Ampel die Warnstufen gelb und rot an. Das hatte zur Folge, dass, wie schon während der ersten Welle, verschärfte Sicherheitsmaßnahmen getroffen wurden. Bei mehr als 35 bzw. 50 Neuinfektionen pro 100.000 Einwohner innerhalb von sieben Tagen galten diese Regeln automatisch. Da das ganze Theater nun wieder von vorn begann, kann an dieser Stelle auf weitere Details verzichtet werden.

Neu waren die immer aggressiver werdenden Auseinandersetzungen mit der Polizei. Wenn zum Beispiel Maskenverweigerer auf ihr Fehlverhalten hingewiesen wurden, musste sich die Polizei nicht nur anpöbeln lassen, sondern wurde sogar bewusst angehustet und angespuckt.

Neu war auch die verständliche Verzweiflung vieler Selbstständiger und Freiberufler, die zur Untätigkeit verdammt worden waren und nicht mehr wussten, wie sie sich über Wasser halten sollten. Die Sorgen bezogen sich dabei nicht nur auf die finanziellen Ausfälle, sondern galten ebenso den fehlenden Perspektiven.

Nicht zuletzt spielte diesmal die Sorge der Politik eine große Rolle, möglicherweise die Kontrolle über das Geschehen zu verlieren. Einerseits stand die Gefahr einer Überlastung von Gesundheitsämtern, Polizei und Ordnungsämtern im Raum. Andererseits stoppten Gerichte behördliche Maßnahmen, stellten zum Beispiel das Demonstrationsrecht über das Recht auf Gesundheit, worüber Bürger mit Verstand nur den Kopf schütteln konnten. Wie es bei der Bekämpfung der Pandemie weitergehen sollte, wusste niemand so recht.

In unserer Interimswohnung begann indes der Austausch der Gasheizung. Die Mitarbeiter des Heizungsbauers wirkten nicht gerade motiviert. Alles ging nicht nur schleppend voran, sondern wurde auch immer wieder unterbrochen. In unserer Wohnung fand ein ständiges Hin- und Her-Rennen statt. Und dann wurden auch noch erst die Strom- und dann die Gasleitung angebohrt. Letzteres führte dazu, dass sich das Praxis-Team und anwesende Patienten nicht wohlfühlten und verängstigt Praxis und Haus verließen. Draußen erfuhren sie dann, dass Gas ausgeströmt war. Inzwischen hatte sich auch das Personal im Erdgeschoss-Laden ins Freie begeben. Nur an uns im 2. Obergeschoss hatte niemand gedacht. Erst nachdem wir von der Dachterrasse hinunter auf die Einfahrt sahen, spürten wir, dass irgendetwas passiert war. Unten angekommen erfuhren wir schließlich von dem Zwischenfall. Zum Glück war wenigstens der Energielieferant informiert worden, der den Gastransport sofort unterbrochen hatte. Sonst wären wir womöglich mitsamt dem Haus in die Luft geflogen.

Erwähnenswert wäre noch die Stromversorgung in der auf zwei Etagen verteilten Wohnung mit etwa 200 Quadratmetern. Nachdem ich stets Ende des Monats unseren Stromzähler abgelesen hatte, bemerkte ich konstant hohe Verbrauchszahlen. Selbst in unserem früheren Haus mit 135 Quadratmetern verbrauchten wir etwa ein Drittel an Kilowattstunden. Nach längeren Recherchen stellte sich heraus, dass sowohl das wegen der Praxis tagsüber ständig erleuchtete Treppenhaus als auch die das ganze Haus versorgende neue Heizungsanlage an die Stromversorgung unserer Wohnung angeschlossen waren. Da die Abschlagzahlungen dementsprechend hoch ausfielen, vereinbarte ich mit den Vermietern, die Rückzahlung für den Fremdanteil mit der Jahresabrechnung zu regeln.

Auch im Wohnpark mit den Seniorenwohnungen ging es weiter. Inzwischen war die Zufahrtsstraße aufgerissen worden, um die Fahrbahndecke zu erneuern. Und in unserer Wohnung waren bereits die Fenster eingebaut worden. Bis auf den Hauseingang und die Anbringung der äußeren Dämmschicht war das Gebäude außen weitgehend fertiggestellt. Die Innenarbeiten liefen indes wie geplant weiter. Auf den noch zu begrünenden Außenanlagen waren sogar die ersten Bäume gepflanzt worden.

*

Das Corona-Virus begleitete uns weiterhin. Wie schon in der ersten Welle blieben uns die von der Politik verordneten und von der Wissenschaft begrüßten Einschränkungen in vollem Umfang erhalten. Allerdings waren jetzt noch einige Regelungen hinzugekommen.

Zu Weihnachten und Silvester sollten ausnahmsweise mehr Kontakte im Privatbereich möglich sein. Nur der Verkauf und somit das Abbrennen von Feuerwerkskörpern waren generell verboten. Außerdem wurde das Trinken alkoholischer Getränke im öffentlichen Raum untersagt. Die Arbeitgeber wurden aufgerufen, entweder Betriebsferien anzuordnen oder das Arbeiten im Home-Office zu ermöglichen. So konnten sich die Mitarbeiter weniger infizieren, während das Verkehrsaufkommen gleichzeitig reduziert wurde. Medizinisch notwendige Behandlungen wie Physio-, Ergo- und Logotherapien sowie Fußpflege waren von nun an möglich. Auch Gottesdienste in Kirchen, Synagogen und Moscheen waren zulässig, wenn Maskenpflicht und Abstandsregeln eingehalten wurden. Und in den Alten- und

Pflegeheimen sollten verpflichtende Tests für das Personal angeordnet und Nachweise von negativen Tests für Besucher verbindlich werden, solange noch kein freigegebener Impfstoff zur Verfügung stand.

In der Übergangswohnung gab es eine neue Überraschung. Unser Untermieter sorgte für Stress. Nicht nur, dass er aus seinem Teil der Wohnung ohne vorherige Kündigung des Mietvertrages auszog, um seinem Bruder nach der Verlegung des im Erdgeschoss befindlichen Ladens nach Nordrhein-Westfalen zu folgen, sondern auch, weil er die Wohnräume im Laufe der Zeit in eine Müllkippe verwandelt hatte und diese in eben diesem Zustand einfach zurückließ. Dass er zudem seine noch ausstehenden Mietschulden nicht beglich, setzte dem Ganzen die Krone auf. Und dass bei ihm wohl nichts zu holen war, bewiesen die vielen Briefe von Inkassofirmen, die bei uns eingingen, weil er sich beim Einwohnermeldeamt nicht einmal abgemeldet hatte.

Umso erfreulicher war die Weihnachtsüberraschung unserer Tochter, die mit ihrem Lebensgefährten noch schnell zu meinem 80. Geburtstag vorbeischaute und einen Ledersessel als Geschenk für mich mitbrachte. Dem auf Knopfdruck dreh- und schwenkbaren Sitzmöbel hatte ich sogleich einen Platz in unserem künftigen Arbeitszimmer zugewiesen. Der Besuch, von dem ich nichts geahnt hatte, war leider nur kurz. Meine Frau hatte zwar ein Hotelzimmer geordert, musste dieses aber wieder absagen, weil private Hotelaufenthalte in Bayern verboten waren. Das schmerzte umso mehr, da der Enkel ursprünglich mitkommen wollte, den ich nun aber nicht zu sehen bekam.

In der Seniorenwohnung hingegen gab es weniger Aufregendes. Immerhin war die Zufahrtsstraße neu asphaltiert worden und die Garagen standen bereits an ihrem Platz. Erwähnenswert ist noch, dass bis zu diesem Zeitpunkt bereits drei Baufortschrittsraten bezahlt worden waren. Unserem Ziel kamen wir damit immer näher.

*

Inzwischen war die dritte Corona-Welle im Anmarsch. Und weil das Impfen noch immer auf sich warten ließ, wurde der Schwerpunkt auf das Testen gelegt. Immerhin wurde eine Impfkampagne gestartet, mit der wenigstens schon mal die zugelassenen Impfstoffe bekanntgegeben wurden.

Dann war es endlich soweit. Weil speziell Risikopatienten, medizinisches Personal und über Achtzigjährige durch das Virus besonders gefährdet waren, sollten diese zuerst geimpft werden. Zwar gab es, bedingt durch die schleppende Belieferung der Impfzentren mit den benötigten Impfstoffen, die erwarteten Probleme. Aber nach längerer Wartezeit erhielt ich einen Termin für die erste Impfung.

Die Impfung selbst nahm ein pensionierter Arzt vor, den ich bestens kannte und der früher spezielle Untersuchungen wie Sonografien, eine Gastroskopie und eine Koloskopie bei mir durchgeführt hatte. Den Einstich hatte ich gar nicht gespürt und Nebenwirkungen machten sich am Tag darauf lediglich in Form von Müdigkeit bemerkbar.

Die zweite Impfung bei einem anderen Arzt verlief ähnlich wie die erste, aber ohne irgendwelche Nebenwirkungen. Nun war ich weitgehend gegen das Virus geschützt, hatte allerdings im Gegensatz zu anderen in meiner Altersgruppe nie größeres Gefährdungspotenzial, weil ich statt der sozialen Kompetenz eher die soziale Abstinenz pflegte.

In unserem Übergangsdomizil gab es lediglich zum bereits erwähnten Untermieter Neues zu berichten. Nachdem wir von seinem Bruder dessen neue Adresse erfahren hatten, schalteten wir eine Inkassofirma ein, deren Mahnbescheid allerdings keine Wirkung zeigte. Dafür erfuhren wir, dass der Mietnomade schon mehrfach mit Gerichtsterminen und Gerichtsvollziehern konfrontiert worden war. So wunderten wir uns auch gar nicht mehr, als die Polizei bei uns auftauchte und sich nach dem Gesuchten erkundigte. Als ich den Beamten zu verstehen gab, was ich von unserem Rechtsstaat halte, der bei den Handlungen eines solchen Gesindels tatenlos zusieht, zuckten diese nur verständnislos mit den Schultern. Auch ein mir bekannter Anwalt, den ich um Rat fragte, riet mir, die Finger von der Angelegenheit zu lassen und winkte einfach nur ab.

In unserem Wohnumfeld gab es wesentlich mehr zu berichten. Zweimal musste die Feuerwehr anrücken. Im ersten Fall kam Rauch aus dem Dachstuhl des Nachbarhauses. Die

Nachprüfung mit Hilfe einer ausgefahrenen Leiter ergab allerdings kein zu löschendes Brandnest. Auch im zweiten Fall konnte die Mannschaft wieder abrücken. Der vermeintliche Brand entpuppte sich als Feuer auf offenem Grill, versteckt hinter der alten Stadtmauer im Innenhof eines der gegenüberliegenden Häuser.

Auch die Polizei war wieder zur Stelle, weil neben dem Stadttor Bier saufender Pöbel gegen die Corona-Auflagen verstoßen und die Anwohner belästigt hatte.

Kurios war die Vergesslichkeit eines Mitarbeiters des ebenfalls nebenan befindlichen Discounters, der die Terrassentür des Büros über Nacht offenließ, was hohe Heizkosten verursacht haben dürfte.

Nicht zuletzt musste ein schon recht morscher, zudem auch noch schwer zugänglicher Baum mit viel technischer Hilfe abgetragen werden, nachdem etliche Äste heruntergefallen und vor allem die in die Arztpraxis gehenden Patienten gefährdet hatten.

Die Möblierung für unsere Seniorenwohnung stand inzwischen fest. Die Bestellungen waren rausgegangen und die Anzahlungen geleistet. Auch die vierte Baufortschrittsrate war bezahlt worden. Dafür erhielten wir vom Bauleiter die Hiobsbotschaft, dass sich der Einzug um zwei Monate verzögern würde. Als Begründung wurden der durch Corona bedingte Wechsel der Fliesenlegerfirma und der wegen Schwierigkeiten in der Lieferkette verursachte Mangel an Holz genannt.

*

Die Corona-Pandemie schien kein Ende nehmen zu wollen. Das zeigte sich ganz deutlich am Beispiel unserer Region, die sich zum Hotspot mit den höchsten Inzidenzwerten in Deutschland entwickelt hatte. Einziger Lichtblick waren die Impfungen, die allerdings nur schleppend vorangingen. Schuld daran war die schwankende Verfügbarkeit der Impfstoffe. Die personelle Besetzung hingegen machte den Impfzentren am wenigsten zu schaffen. Immerhin hatte ich meine beiden Impfungen mit BioNTech hinter mir. Nun war auch meine Frau an der Reihe, die jedoch von unserem Hausarzt mit AstraZeneca geimpft wurde. Während mit zunehmenden Impfungen mehr und mehr Auflagen gelockert wurden, sollten EU-weit Impfnachweise eingeführt werden, um auf Tests und Quarantänemaßnahmen zum Beispiel bei Reisen verzichten zu können. Endlich sank auch der Inzidenzwert in unserer Stadt und im Landkreis. Mitten im Hochsommer, der reichlich verregnet war und zu größeren Überschwemmungen geführt hatte, stand der Wert plötzlich bei Null.

In unserer Interimswohnung war ein neuer Untermieter eingezogen, den einer der beiden Vermieter persönlich empfohlen hatte und der ebenso wie wir eine vorübergehende Bleibe suchte. Der junge Mann, Berufskollege dieses Vermieters, war genau das Gegenteil von seinem Vorgänger – nicht nur, was die Ordnung und Sauberkeit, sondern auch das Zahlungsverhalten betraf. Leider zog er schon nach zweieinhalb Monaten wieder aus, nachdem er eine neue Wohnung gefunden hatte.

Sonst gab es in unserem Übergangsdomizil nichts Neues zu berichten. Im Haus und um das Haus herum dafür umso mehr.

Beim Discounter nebenan konnte der extrem lange, mit frischen Lebensmitteln beladene Lkw nicht entladen werden, weil sich die

Sicherheitstür zum Lagerraum nicht öffnen ließ. Erst nach Stunden tauchte der Reparaturdienst auf. Während der gesamten Wartezeit lief die Kühlung des Lkw auf Hochtouren, was wir als ziemlich störend empfanden.

In dem bereits erwähnten Schacht, der sich von unserer Interimswohnung bis hinunter ins Erdgeschoss erstreckte und dort einen Innenhof bildete, hatte sich nach dem Dauerregen ein Hochwasser aufgestaut, das vom städtischen Entsorgungsbetrieb abgepumpt werden musste, bevor eine komplette Kanalreinigung vorgenommen werden konnte.

In einem direkt vor unserer Terrasse stehenden Baum hatten sich Tauben eingenistet, die wir mit einer Wasserpistole vertreiben mussten, weil uns nicht nur das ständige Herumflattern, sondern auch das penetrante Gurren genervt hatte.

Was die Arztpraxis betraf, sorgten manche Patienten für Kopfschütteln. Eine Frau klingelte unentwegt an unserer Tür, um nach der Praxis zu fragen, an der sie auf dem Weg zu uns vorbeigegangen war. Eine andere trat fast die geschlossene Haustür ein. Als wir die Tür aufschlossen, schob sie uns rücksichtslos beiseite und stürmte, ohne anzuklopfen, in die Praxis – vermutlich, ohne angemeldet zu sein. Und erschreckend viele Patienten rauchten draußen noch schnell eine Zigarette, ehe sie über die Sprechanlage aufgerufen wurden. Die Kippen warfen sie in einen Behälter, der regelrecht überquoll. Ich muss offen gestehen. Als Arzt hätte ich diese Leute gar nicht behandelt.

Abschließend bleibt noch zu erwähnen, dass die Vermieter sich entschlossen hatten, das Haus zu verkaufen. Die Folge war, dass sich etliche Kaufinteressenten im Rahmen der Besichtigung auch in unserer Interimswohnung umschauten. Als Dankeschön für unser selbstverständliches Entgegenkommen erhielten wir einen Korb voller Wein.

Was die Seniorenwohnung betraf, teilte uns der Architekt den voraussichtlichen Abnahmetermin mit. Jetzt wurde es Zeit, mit dem für die Möblierung zuständigen Möbelschreiner und den Handwerkern für die Installation der Elektrik und Elektronik Vorabtermine zu vereinbaren – in der Hoffnung, dass keine Pannen auf der Baustelle dazwischen kamen. Auch der Umzugstermin musste eingeplant werden, zumal der Wohnungswechsel ausgerechnet in die Ferienzeit fiel.

*

Am ersten Tag der Bauabnahme wurden wir vormittags – zusammen mit den anderen Eigentümern – durch die Gemeinschaftseinrichtungen geführt. Baumängel, die noch behoben werden mussten, wurden in einem Protokoll festgehalten. Am späten Nachmittag fand die erste Eigentümerversammlung statt, in der wir den für den gesamten Wohnpark zuständigen Verwalter kennenlernten. Von diesem wurden wir über alle wichtigen Details wie die Hausordnung, die anfallenden Nebenkosten, die Instandhaltungsrücklage sowie die Gebühren für den Sozialträger und den Verwalter informiert.

Am zweiten Tag folgte dann – für jeden Eigentümer getrennt – die Bauabnahme der eigenen Wohnung und, falls zutreffend, der Garage oder des Stellplatzes. Auch hier wurden eventuell vorhandene Baumängel protokolliert. Was unsere Wohnung betraf, konnten wir keine sichtbaren Schäden feststellen.

Nun konnte die letzte Baufortschrittsrate überwiesen werden. Die bereits frühzeitig informierten Handwerker konnten ebenfalls aktiv werden. Den Anfang machte der Möbelschreiner, der die Möblierung der Zimmer vornahm. Betroffen waren der Hauptraum mit den Bereichen Kochen, Essen und Wohnen, das Schlaf- und das Arbeitszimmer sowie das Bad und die Garderobe. Der Einbau der Küchenzeile erforderte den größten Aufwand. Es folgten der Elektriker, der für die Beleuchtung sorgte, der Radio-/TV-Spezialist mit der Installation des Fernsehgeräts, der Mitarbeiter der Telekom mit dem Anschluss des Routers für Festnetztelefon und Internetanschluss sowie der Ausstatter mit dem Anbringen von Vorhängen für die Fenster. Jetzt war die Wohnung bezugsfertig. Der Rest folgte mit dem Umzug.

In der Interimswohnung konnte mit dem Packen begonnen werden, wobei der größte Teil der Kartons schon fertiggepackt bereitstand. Nur wenige Möbelstücke warteten auf den Abtransport – darunter der zu meinem 80. Geburtstag geschenkte Ledersessel, die Wohncouch als Erinnerungsstück an meine freiberufliche Tätigkeit und vier von den Vermietern zur Verfügung gestellte Terrassenstühle samt Bezügen für den Balkon.

*

Der Umzug von der Interimslösung in die neue Seniorenwohnung verlief ähnlich reibungslos wie der vor anderthalb Jahren. Nur das Transportvolumen fiel diesmal geringer aus, weil außer dem alten Doppelbett kein weiterer Sperrmüll entsorgt werden musste. Auch die Arbeit des Umzugspersonals war weniger beschwerlich. Beim Abtransport mussten die Kartons und Möbel nicht in die Übergangswohnung im zweiten Stock hinauf geschleppt, sondern stattdessen aus der Wohnung hinunter getragen werden. Und in die im ersten Stock liegende Seniorenwohnung konnte das Umzugsgut mit dem Aufzug transportiert werden.

Während nach Abschluss der Umzugsaktion die Verlade- und Transportkosten abgerechnet wurden, erfolgte – nach Räumung und Reinigung der sich über zwei Etagen erstreckenden Übergangswohnung – die Schlüsselübergabe samt Fernbedienung für die Garage an den neuen Hausbesitzer.

Neben dem Auspacken der Kartons mussten noch andere Arbeiten erledigt werden. Für die monatliche Zahlung der Gebühren an den Verwalter und den Sozialträger mussten bei unserer Hausbank Daueraufträge eingerichtet werden. Wie schon bei der Übergangswohnung mussten die Stromversorgung, der Zeitungsauslieferungswechsel und die Hausratversicherungsanpassung beantragt werden. Und schließlich war auch in diesem Fall die neue Wohnadresse an Renten-, Kranken- und Sachversicherungen, Banken, Finanzamt, Rundfunk und Fernsehen, Ärzte, Firmen mit enger Geschäftsbeziehung und Privatpersonen zu melden. Bei der Kfz-Zulassungsstelle und dem Einwohnermeldeamt hingegen musste ich erneut persönlich vorstellig werden.

Endlich konnten wir es uns in der neuen Umgebung bequem machen. Der Blick ins Grüne mit der lange vermissten Stille erinnerte uns an unser einstiges Haus mit Garten. Mit der Nahversorgung konnten wir das Auto meistens stehenlassen, zumal auch der öffentliche Nahverkehr gut ausgebaut war. Jetzt hofften wir nur noch, dass Corona bald der Vergangenheit angehörte, damit wir endlich wieder reisen konnten. Dafür – abgesehen von der Möglichkeit der Pflege in den eigenen vier Wänden – hatten wir unser bisheriges Leben schließlich eingetauscht. Doch die Pandemie schien kein Ende nehmen zu wollen.

Teil II

Wertvolle Tipps für den Leser

Entscheidung für altersgerechtes Wohnen

Wir alle werden uns im Alter einmal die Frage stellen müssen, ob wir ein Leben unter den gegebenen Umständen aufrechterhalten können – ganz gleich, ob wir eine Immobilie besitzen oder gemietet haben.

Zunächst mal ist das Haus oder die Wohnung selbst betroffen. Für den Mieter besteht die Gefahr, irgendwann einmal wegen Eigenbedarfs des Vermieters das Mietobjekt verlassen zu müssen. Dem Eigentümer vor allem einer älteren Immobilie drohen meist Sanierungsmaßnahmen, die eine Menge Geld kosten und die Frage aufwerfen, ob man sich den Zeit- und Kostenaufwand überhaupt noch antun soll.

Hinzu kommt der alltägliche Arbeitsaufwand. Vor allem Gartenpflege und Winterdienst bereiten zunehmend Probleme. Und einfach fremde Arbeitskräfte damit zu beauftragen, ist alles andere als einfach. Entweder man findet keine zuverlässigen Leute oder sie sind für die meisten Rentner und Pensionäre zu teuer.

Apropos Arbeitskräfte. Auch was Pflegekräfte angeht, sind diese immer schwerer zu bekommen, weil sie schlecht bezahlt werden. Und da eine Behebung dieses Mangels in naher Zukunft nicht absehbar ist, wird vor allem die ambulante Pflege, die mit größeren Fahrtkosten und -zeiten verbunden ist, mehr und mehr eingestellt werden.

Da die meisten Senioren und Seniorinnen aber nicht in ein Altersheim ziehen wollen — von den hohen Kosten mal abgesehen, ihre Angehörigen aber meist schon wegen der geografischen Entfernung keine Pflegedienste übernehmen können, bietet sich das zunehmend angebotene Konzept eines Wohnparks mit zentralem Quartiershaus und rundum angeordneten Gebäuden mit Altenwohnungen an. Dass dabei nur die Hälfte der Kosten gegenüber einer Heimunterbringung anfällt, sollte ein zusätzlicher Anreiz sein.

Was den Verkauf einer älteren Immobilie betrifft, ist eine steigende Nachfrage zu relativ guten Preisen festzustellen. Mit günstigen Darlehenszinsen für die Restfinanzierung einer Altenwohnung kann vorerst allerdings wohl nicht mehr gerechnet werden.

Welche Anforderungen sollten auf jeden Fall an eine altersgerechte Wohnung gestellt werden? Ob Sie nun ein Appartement, eine Zwei- oder eine Drei-Zimmer-Wohnung bevorzugen, hängt von Ihren Bedürfnissen ab. Wenn Sie zum Beispiel zu zweit und beide noch sehr aktiv sind, möchten Sie vielleicht auf ein Arbeitszimmer nicht verzichten. Dann wäre eine Drei-Zimmer-Wohnung die richtige Wahl. Auch was die Etage angeht, ist Ansichtssache. Wer lieber ebenerdig mit einem Vorgarten seinen Lebensabend verbringen möchte, wird die Erdgeschosslage vorziehen. Wichtig ist das Wohnen auf einer Ebene. Das Haus sollte kein Hochhaus sein und dennoch einen Aufzug besitzen. Ideal sind Gebäude mit Parterre und maximal drei Obergeschossen, wobei Letztere über Balkone verfügen sollten. Die Wohnungen sollten nicht nur alten-, sondern auch behindertengerecht sowie mit umweltschonenden Energien und Hausmeisterservice versorgt sein. Auch Stellplätze oder Garagen für Pkw sollten nicht fehlen. Nicht zuletzt sollte es Angebote für aktive Betätigung, Geselligkeit sowie haushaltsnahe und medizinische Dienstleistungen geben.

Das Wohnumfeld sollte ebenfalls berücksichtigt werden. Handelt es sich um eine naturnahe und damit ruhige Wohnlage? Dann sollten fußläufige Einkaufsmöglichkeiten und die Anbindung an den öffentlichen Nahverkehr vorhanden sein. Bei zentrumsnaher städtischer Wohnlage sind diese Einrichtungen zwar selbstverständlich. Dafür sind die Wege in die Natur, abgesehen von Stadtparks, eher weit und die Lärmbelästigung vor allem durch den Straßenverkehr je nach Innenstadtlage mehr oder weniger groß.

Zusammenfassend kann ich Ihnen nur empfehlen, mit der Entscheidung einer frühzeitigen Altersvorsorge nicht zu lange zu warten. Selbst dann, wenn Sie noch nicht alle Details klären konnten, sollten Sie sich – vor allem bei knappem Angebot – das Vorkaufsrecht für eine altersgerechte Wohnung sichern. Denn Sie wissen ja: Wer zu spät kommt, den bestraft das Leben.

Checkliste

Anlass für eine Veränderung
- die gemietete oder eigengenutzte Immobilie müsste in größerem Umfang renoviert werden
- der Arbeitsaufwand für Gartenpflege, Winterdienst usw. bereitet zunehmend Probleme
- manche Innenräume und Plätze im Freien werden kaum noch genutzt
- die gemietete Immobilie wird wegen Eigenbedarfs gekündigt
- die eigengenutzte Immobilie lässt sich wegen großer Nachfrage gewinnbringend verkaufen
- Immobiliendarlehen werden zinsgünstig angeboten
- das Pflegekonzept garantiert eine Rundum-Betreuung in den eigenen vier Wänden
- der bzw. die zu Pflegende fällt Angehörigen nicht zur Last
- der zurückbleibende Partner kommt in einer altersgerechten Wohnung besser klar

Forderungen an eine altersgerechte Wohnung
- Wohnen auf einer Ebene
- freie Wohnungswahl zwischen Appartement, Zwei- oder Drei-Zimmer-Wohnung
- freie Geschosswahl zwischen Erdgeschoss mit Terrasse und Obergeschoss mit Balkon
- Verfügbarkeit eines Aufzugs
- Verfügbarkeit eines Stellplatzes oder einer Garage
- behindertengerechte Ausstattung
- die Umwelt schonende Energieversorgung
- Hausmeisterservice
- Angebote für aktive Betätigung wie Gymnastik oder Krafttraining
- Angebote für Geselligkeit
- Angebote für haushaltsnahe und medizinische Dienstleistungen

Forderungen an ein altersgerechtes Wohnumfeld
- ruhige Wohnlage
- naturnahe Umgebung oder in der Nähe eines Parks
- fußläufige Einkaufsmöglichkeiten
- Anbindung an öffentlichen Nahverkehr

Sicherung des Vorkaufsrechts einer altersgerechten Wohnung
- Unterzeichnung einer verbindlichen Reservierung
- Anforderung von Lageplan, Gebäudeansichten, Wohnungsgrundriss und Baubeschreibung

Möglichkeiten der Finanzierung

Dieses Thema ist nicht nur für diejenigen Senioren und Seniorinnen von Bedeutung, die einen Wechsel von ihrem in die Jahre gekommenen Wohneigentum in eine altersgerechte Neubauwohnung anstreben. Neben den Eigentümern einer oder mehrerer Immobilien kann das auch Mieter interessieren, die über anderweitiges Vermögen wie Sparguthaben, Aktien, Fonds usw. verfügen oder zwar kein nennenswertes Vermögen besitzen, statt dessen aber ein hohes Einkommen wie Alters- und Betriebsrente oder Beamtenpension beziehen.

Die Finanzierung an sich ist bei den genannten Voraussetzungen kein Problem. Und doch gibt es einen Haken. Nämlich das Alter. Da der beschriebene Wechsel vom bisher bewohnten Domizil in eine altersgerechte Wohnung ja nicht die jüngere Generation, auch eher weniger die bis zum Eintritt ins Rentenalter berufstätige Altersklasse, sondern fast ausschließlich die Rentner und Pensionäre betrifft, spielt das Alter zwangsläufig eine mit entscheidende Rolle.

Man könnte jetzt meinen, die Hausbank kennt die Einkommens- und Vermögenslage ihrer Stammkunden ja gut genug, um eine Finanzierung trotz des fortgeschrittenen Alters zu riskieren – zumal der größte Teil durch das aus dem Immobilienverkauf erzielte Eigenkapital gedeckt wäre. Der Haken liegt wohl eher darin, dass die Bank vermeiden will, im Todesfall ihres Kunden die Immobilie selbst vermarkten zu müssen. Und genau deshalb ist sie daran interessiert, dass sich eine jüngere Generation von Nacherben für die Immobilie findet. In der Regel gibt sie sich mit einer schriftlichen Absichtserklärung zufrieden. Die besten Karten haben hier natürlich Senioren oder Seniorinnen mit eigenem Nachwuchs.

Um den üblichen Papierkrieg kommt der Kunde dennoch nicht herum. Der Finanzierungsantrag umfasst eine ausführliche Selbstauskunft, Unterlagen zu Einkünften, Geldanlagen und Immobilien sowie zum Antragsteller, außerdem eine persönliche Finanzierungsvorstellung.

Wenn das alles wahrheitsgemäß und vollständig vorliegt, lässt eine Genehmigung nicht mehr lange auf sich warten.

Die Art der Finanzierung hängt vom Vorhaben des Kreditnehmers ab. Bei einer Neufinanzierung wurde ein altes Darlehen bereits getilgt oder noch keines beantragt. Der neue Darlehensvertrag enthält Angaben zu Zins- und Tilgungssatz, Monatsrate, Laufzeit, Sondertilgungsregelung und Sicherungsvereinbarung. Handelt es sich um eine Umschuldung, muss das alte Darlehen vorzeitig abgelöst und ein neues mit dem beschriebenen Vertragsinhalt abgeschlossen werden. Die vorzeitige Ablösung eines alten Darlehens mit in der Regel schlechteren Konditionen setzt allerdings das Einverständnis der Bank voraus. Außerdem wird eine Vorfälligkeitsentschädigung für die der Bank künftig entgehenden Zinsen fällig. Ob sich das lohnt, muss im Einzelfall geprüft werden. Wenn zum Beispiel ein neuer Zins deutlich niedriger ist als der alte, dann macht der Wechsel nur Sinn, wenn man sich eine langfristige Finanzierung sichern kann.

Bei einer Immobilienfinanzierung dürfen diverse Nebenkosten nicht vergessen werden. Maklerprovision, Grunderwerbsteuer, Notar- und Grundbuchgebühren können ordentlich ins Geld gehen, vor allem dann, wenn sie – die

Grunderwerbsteuer ausgenommen – beim Verkauf der alten und dem Kauf der neuen Immobilie anfallen. Inwieweit beim Immobilienkauf Fördermittel der KfW-Bank in Anspruch genommen werden können, hängt vom Einzelfall ab und kann bei der Hausbank erfragt werden. Auch ein zuteilungsreifer Bausparvertrag kann eine Finanzierungshilfe sein. Was die Auszahlung der Darlehenssumme angeht, hängt diese davon ab, ob die altersgerechte Wohnung bereits fertiggestellt wurde oder sich noch im Bau befindet. Im letzteren Fall richten sich die Raten nach dem Baufortschritt.

Checkliste

Betroffener Seniorenkreis
- Mieter ohne nennenswertes Vermögen, aber mit höherem Einkommen
  (Alters- und Betriebsrente, Beamtenpension)
- Mieter mit Vermögen (Sparguthaben, Aktien, Fonds, Wertsachen)
- Eigentümer einer oder mehrerer Immobilien

Finanzierungsantrag bei der Hausbank
- Selbstauskunft (persönliche Angaben, Verbindlichkeiten und
  Vermögensverhältnisse, Einnahmen und Ausgaben)
- Unterlagen zu Einkünften (Rente, Pension, Honorar, Minijob, Miete)
- Unterlagen zu Geldanlagen (Sparguthaben, Aktien, Fonds)
- Unterlagen zu Immobilien (Lagepläne, Fotos, Grundrisse,
  Baubeschreibungen, Grundbuchauszüge)
- persönliche Unterlagen (Personalausweis, Testament,
  Absichtserklärung eines Nacherben)
- persönliche Finanzierungsvorstellung

Finanzierungsgenehmigung durch die Hausbank
- Neufinanzierung (Darlehensvertrag Hypothekendarlehen mit
  Zins- und Tilgungssatz, Monatsrate, Laufzeit,
  Sondertilgungsregelung, Sicherungsvereinbarung)
- Umschuldung (Auflösung von Altdarlehen mit
  Vorfälligkeitsentschädigung und ggf. Löschung von Grundschulden,
  Abschluss eines neuen Darlehensvertrags)
- Berücksichtigung von Nebenkosten (Maklerprovision,
  Grunderwerbsteuer, Notar- und Grundbuchgebühren)
- Finanzierungshilfen (Fördermittel, Bausparvertrag)
- Auszahlungsart (Einmalzahlung bei fertiggestellter Wohnung,
  Ratenzahlung nach Baufortschritt)

Verkauf der eigengenutzten Immobilie

Soviel schon vorweg. Wenn es um die Kündigung einer gemieteten Immobilie geht, erübrigen sich die nachfolgend beschriebenen Schritte. Denn in diesem Fall ist lediglich die Kündigungsfrist zu beachten. Beim Wechsel in eine altersgerechte Wohnung – egal, ob diese gemietet oder gekauft wird – kann es nur dann zu einem Problem führen, wenn die gemietete Immobilie bereits fristgerecht gekündigt wurde, die neue Wohnung jedoch noch nicht bezugsfertig ist, weil sich die Fertigstellung verzögert hat. Dann muss auch der Mieter an eine Interimslösung denken, auf die später noch näher eingegangen wird.

Wer eine eigengenutzte Immobilie zum Verkauf anbieten möchte, wird in der Regel einen Makler beauftragen, der zunächst den Wert des Objekts schätzt. Sind sich Verkäufer und Makler einig, schließen sie einen Maklervertrag ab. Erst jetzt wird der Makler aktiv. Zunächst wird er ein Exposé erstellen und das Objekt im Internet wirkungsvoll positionieren. Dazu gehören vor allem professionelle Fotos, aber auch ein Lageplan, Grundrisse sowie Detailinformationen zur Immobilie und zum Wohnumfeld. Sobald sich Kaufinteressenten melden, wird er Kontakt zu ihnen aufnehmen und – nach Rücksprache mit dem Verkäufer – Besichtigungstermine vereinbaren.

Ob nun ein Run auf das Objekt stattfindet, hängt zunächst von der Darstellung im Internet und dann vom Gesamteindruck vor Ort ab: dem äußeren Erscheinungsbild, den Räumlichkeiten und natürlich auch dem Umfeld. Ist es städtisch oder eher ländlich geprägt? Wie sieht es mit Einkaufsmöglichkeiten und öffentlichen Verkehrsmitteln aus? Falls Kinder zum Haushalt gehören: Befinden sich Kita und Schule in der Nähe? Jeder hat seine eigenen Vorstellungen vom künftigen Heim. Und von allzu euphorischen Betrachtern sollte man sich nicht blenden lassen. Oft sind es die zurückhaltenden Typen, die man als Käufer nicht unbedingt auf der Rechnung hat.

Auf jeden Fall wird sich der ernsthafte Interessent, der um ein paar Tage Bedenkzeit bittet, zumindest als Käufer vormerken lassen, ehe er endgültig zugreift oder am Ende doch absagt. Mit der Einleitung eines Bieterverfahrens sollten Verkäufer und Makler hingegen vorsichtig sein. Den Verkaufspreis nur wegen großer Nachfrage übermäßig in die Höhe zu treiben, kann ein Schuss in den Ofen sein. Denn das stets von neuem beginnende Feilschen um einen noch höheren Preis kann selbst den letzten noch verbliebenen Interessenten vergraulen. In der Praxis läuft es eher umgekehrt ab. Nicht der Meistbietende sichert sich das Vorkaufsrecht, sondern der nach Zugeständnissen gewonnene Interessent.

Wurde endgültig ein Käufer gefunden, kommt nach dem Makler der Notar ins Spiel. Zunächst wird er einen Vertragsentwurf zusenden, ehe in seiner Kanzlei der Vertragstext noch einmal vorgelesen und anschließend vom Käufer und Verkäufer unterzeichnet wird. Später folgt die notarielle Abwicklung des Treuhandauftrags. Zuerst werden evtl. noch vorhandene Grundschulden des Verkäufers im Grundbuch gelöscht, ehe der Käufer mit der Zahlung des Kaufpreises beauftragt wird. Nach der Überweisung des Betrages durch den Käufer bzw. dessen Hausbank bestätigt der Verkäufer den Geldeingang auf seinem Konto. Zuletzt erfolgt noch die Eigentumsumschreibung im Grundbuch auf den Käufer.

Auch der Verkäufer hat eine Reihe von Aufgaben zu erledigen, die das verkaufte Objekt betreffen. Dazu zählt zum einen die Übergabe von Dokumenten an den Käufer. Hierbei handelt es sich um Lageplan und Grundrisse, Baubeschreibung, Gebäudeversicherungspolice, Grundsteuerbescheid, Abrechnungen über Energieverbräuche, Gebührenbescheide, Wartungsverträge, Unterlagen über Instandhaltungsmaßnahmen und letztlich um den Energieausweis.

Zum anderen muss der Käufer über die technischen Anschlüsse wie Heizungsanlage, Strom- und Wasseranschluss, Antenne bzw. Satellitenschüssel, Telefonanschluss und, falls vorhanden, Photovoltaikanlage und Breitband für schnelles Internet informiert werden.

Außerdem müssen bis zum Auszug ein Mietvertrag abgeschlossen, die evtl. Übernahme von Hausrat vereinbart, die Gebäudeversicherung umgeschrieben, die Gebühren für kommunale Einrichtungen abgemeldet und sämtliche Wartungsverträge gekündigt werden. Auch die Ablesung der Zählerstände von Gas, Strom und Wasser mit anschließender Abmeldung beim Energieträger darf nicht vergessen werden. Und schließlich sind noch einige Zahlungen zu tätigen: die anteilige Maklerprovision, die Gebühren für den Notar und das Grundbuchamt sowie die Miete an den Käufer für den Verbleib in der Immobilie bis zum Auszug.

Checkliste

Bestellung eines Maklers
- Wertschätzung der Immobilie
- Abschluss des Maklervertrags
- Erstellung eines Exposés für das Internet (Fotos, Lageplan, Grundrisse, Detailinformationen zu Immobilie und Wohnumfeld)
- Kontaktaufnahme mit Kaufinteressenten
- Durchführung von Besichtigungen (Immobilie und Grundstück)
- Vormerkung von ernsthaften Kaufinteressenten
- Vorvertrag mit dem meistbietenden oder nach Zugeständnissen gewonnenen Käufer

Aktivitäten des Notars
- Zusendung eines Vertragsentwurfs
- Vorlesung des Vertragstextes mit Unterzeichnung von Käufer und Verkäufer
- Zusendung der Vertragsurkunde
- Löschung von Grundschulden des Verkäufers im Grundbuch
- Beauftragung des Käufers zur Zahlung des Kaufpreises
- Überweisung des Kaufpreises durch den Käufer bzw. dessen Hausbank
- Bestätigung der Kaufpreiszahlung durch den Verkäufer
- Eigentumsumschreibung auf den Käufer im Grundbuch

Aktivitäten des Verkäufers

Übergabe von Dokumenten an den Käufer
- Lageplan und Grundrisse mit Maßangaben
- Baubeschreibung
- Gebäudeversicherungspolice
- Grundsteuerbescheid
- Energieabrechnungen (Gas, Strom, Wasser)
- Gebührenbescheide (Straßenreinigung, Abfallentsorgung)
- Wartungsverträge (Heizung, Feuerlöscher, Rauchmelder)
- Bescheinigungen des Kaminkehrers
- Unterlagen über Reparaturen und Investitionen
- Energieausweis

Information des Käufers über technische Anschlüsse
- Heizungsanlage
- Strom- und Wasseranschluss
- Festnetz-Telefonanschluss
- Antenne bzw. Satellitenschüssel
- Photovoltaikanlage
- Breitband für schnelles Internet

Vereinbarungen mit dem Käufer
- Mietvertrag bis zum Auszug
- evtl. Übernahme von Hausrat

Weitere Aktivitäten des Verkäufers
- Umschreibung der Gebäudeversicherung
- Abmeldung bei kommunalen Einrichtungen (Grundsteuer, Straßenreinigung, Abfallentsorgung)
- Kündigung von Wartungsverträgen (Heizung, Feuerlöscher, Rauchmelder)
- Ablesung der Zählerstände über Energieverbrauch (Gas, Strom, Wasser)
- Abmeldung beim Energielieferanten
- Zahlung der anteiligen Maklerprovision
- Zahlung der Notar- und Grundbuchgebühren
- Zahlung monatlicher Mietraten oder eine einmalige Gesamtmiete an den Käufer

Möglichkeiten einer Übergangslösung

Gesetzt der Fall, der Mieter bzw. der Käufer einer altersgerechten Wohnung verlässt in Kürze seine gekündigte bzw. verkaufte Altimmobilie, muss aber noch einige Zeit auf die Fertigstellung seines neuen Domizils warten. Dann muss er sich zwangsläufig nach einer Übergangslösung umsehen, um nicht auf der Straße zu landen. Ein kostspieliger Hotelaufenthalt rechnet sich nur bei einer bis zu drei Monate dauernden Unterbringung. Beträgt die Wartezeit ein Jahr und länger, ist die Zahlung einer Miete auf jeden Fall die günstigere Wahl. Welche Möglichkeiten gibt es nun, um eine adäquate Interimslösung zu finden?

Das Angebot reicht von Unterkünften für das Wohnen auf Zeit über Ferienwohnungen bis zu Wohnmobilen. Das Wohnen auf Zeit nutzen viele Berufstätige, die von ihrer Firma längerfristig an einem anderen Ort eingesetzt werden. Freie Unterkünfte sind dementsprechend schwer zu finden. Ferienwohnungen liegen häufig etwas abseits der Stadt. Abgesehen davon, werden diese nur selten an Fremde vergeben, weil die Vermieter ihre Stammgäste, die jedes Jahr wiederkommen, nicht verlieren wollen. Und das Mieten von Wohnmobilen ist nicht nur relativ teuer, sondern scheitert meist schon am geeigneten Stellplatz. Was also bleibt dem verzweifelt Suchenden?

Allenfalls eine möblierte oder unmöblierte Wohnung. Letztere vielleicht noch mit einer Einbauküche. Aber wer will schon viel Geld für Möbel ausgeben, die nur für die vorübergehende Lösung infrage kommen, weil in der Seniorenwohnung überwiegend Einbaumöbel geplant sind. Abgesehen davon sind die meisten Vermieter an kurzfristiger Belegung nicht interessiert. Bleibt noch die möblierte Wohnung, die wohl eher ein Glücksfall ist. Doch diese Zufälle gibt es. Vor allem nach Sterbefällen sind die Erben möglicherweise froh, wenn ihnen mit Renovierungen oder Räumungen noch etwas Zeit bleibt und die Mieteinnahmen vorerst weiter das Bankkonto füllen.

Nicht ganz so problematisch ist die zwischenzeitliche Unterbringung von Hausrat, der später in die Seniorenwohnung mitgenommen werden soll. Vorübergehende Abstellmöglichkeiten bei Kindern oder Enkeln, bei Verwandten oder Bekannten wären die einfachste und billigste Lösung. Die Aufbewahrung in Lagerräumen der Umzugsfirma ist zwar generell möglich, kann aber teuer werden. Die beste Lösung wäre die Mitnahme in die Interimswohnung, wenn entsprechender Platz vorhanden ist. Das spart Kosten und das Betteln um eine Gefälligkeit.

Wurden eine Unterkunft und eine Abstellmöglichkeit – zusammen oder getrennt – gefunden, können die Mietverträge unterzeichnet werden. Was die Kosten für die Wohnung angeht, fallen pro Monat neben der Kaltmiete noch Vorauszahlungen für Nebenkosten und eine einmalig zu zahlende Kaution an. Die monatlichen Kosten für die Unterbringung des erst später benötigten Hausrats, zum Beispiel in einer Box der Umzugsfirma, werden pro Kubikmeter berechnet.

Die Umzugsfirma ist für die komplette Abwicklung des Umzugs zuständig. Um Kosten zu sparen, sollte zumindest das Packen der Kartons in Eigenregie erfolgen, zumal das die spätere Orientierung erleichtert. Auch sonstige Eigenleistungen sind möglich, sollten aber mit dem Transporteur abgestimmt werden. Hierzu zählen kleinere Vorabtransporte mit dem Pkw, einfache Demontagen von Regalen und die Abgabe von Hausrat an Interessenten. Bei Letzterem sollte sich niemand zu viel Hoffnung machen. Selbst fast neuwertige Möbel finden kaum Abnehmer, was den Wohlstand nicht nur der Deutschen widerspiegelt. Auch Migranten sind erstaunlich zurückhaltend.

Von der Umzugsfirma werden in der Regel zuerst die noch benötigten Möbel und sämtliche Kartons – getrennt nach ihrer Nutzung in der Interims- und der Seniorenwohnung – auf einen Lkw geladen und in die Übergangswohnung transportiert. Erfolgt die Lagerung des erst später benötigten Hausrats an anderer Stelle, endet der Transport dort. Danach sind die aufwendigen Demontagen der nicht mehr gebrauchten Möblierungen wie der Küchenzeile an der Reihe, die ebenfalls auf einen Lkw geladen und als Sperrmüll zum Wertstoffhof gebracht werden. Sobald der Umzug abgeschlossen ist, werden die Schlüssel für die geräumte Immobilie an den Vermieter bzw. den Käufer übergeben.

Der Mieter der Interimswohnung hat jetzt mehrere Aufgaben zu erledigen. Er muss die Rechnung der Umzugsfirma begleichen, Daueraufträge für die Zahlung der monatlichen Miete an den Vermieter der Unterkunft und ggf. an denjenigen der Hausrataufbewahrung einrichten sowie dem Energielieferanten eine Einzugsermächtigung erteilen.

Zu seinen weiteren Aufgaben gehören die Beschilderung von Briefkasten und Türklingel, die Beauftragung eines Telefonanschlusses an das Festnetz, die Antragstellung auf einen Post-Nachsendeauftrag und auf eine Lieferänderung der Tageszeitung sowie die Anpassung von Haftpflicht- und Hausratversicherung.

Nicht zuletzt muss er diversen Personen, Behörden und Firmen die neue Adresse mitteilen. Da das gewissenhafte Lesen von Briefen und E-Mails in vielen Behörden und Firmen aus der Mode gekommen ist, sollte auf wichtige Informationen besonders hingewiesen werden. Wer zum Beispiel nur die Wohnadresse, aber nicht das Postfach gewechselt hat, und sicherstellen möchte, dass seine Post grundsätzlich an das Postfach gesendet wird, sollte die Wohnadresse in normaler Schrift angeben und die Postfachadresse fettgedruckt hervorheben.

Checkliste

Mögliche Unterkünfte als Interimslösung
- Hotel-Zimmer (nur für kurzen Aufenthalt geeignet)
- Unterkunft für Wohnen auf Zeit (meist langfristig belegt)
- Ferienwohnung (Vorrang für Stammgäste)
- Wohnmobil
- unmöblierte Wohnung
- Wohnung mit Einbauküche
- möblierte Wohnung

Zwischenlagerung von Hausrat
- Box in der Umzugsfirma
- Abstellmöglichkeit bei Kindern, Enkeln, Verwandten oder Bekannten
- Abstellmöglichkeit bei privaten Anbietern
- Abstellmöglichkeit in gemieteter Interimswohnung

Unterzeichnung der Mietverträge
- Interimswohnung mit kostenloser Hausratunterbringung
- Interimswohnung und separate kostenpflichtige Hausratunterbringung

Abwicklung des Umzugs
- Eigenleistungen (Kleintransporte mit Pkw, einfache Demontagen,
  Abgabe von Hausrat an Interessenten)
- Hausrattransport mit Lkw (getrennt nach Nutzung in der Interims- und
  der Seniorenwohnung)
- aufwendige Demontagen (z.B. Küchenzeile)
- Sperrmülltransport mit Lkw
- Schlüsselübergabe an Vermieter bzw. Käufer

Zahlungen des Mieters der Interimswohnung
- Rechnung der Umzugsfirma per Überweisung
- Miete an den Vermieter der Interimswohnung per Dauerauftrag
- ggf. Miete an den Vermieter der Abstellmöglichkeit per Dauerauftrag
- Energieverbrauch an den Energielieferanten per Einzugsermächtigung

Beschilderung der Interimswohnung
- Briefkasten
- Türklingel

Umstellungen auf die Interimswohnung
- Beauftragung eines Telefonanschlusses an das Festnetz
- Antragstellung für einen Post-Nachsendeauftrag
- Änderung der Lieferadresse für die Tageszeitung
- Anpassung der privaten Haftpflicht- und Hausratversicherung

Adressenänderung auf die Interimswohnung
- Rentenversicherung
- Krankenversicherung
- Sachversicherungen
- Banken
- Finanzamt
- Rundfunk und Fernsehen
- Einwohnermeldeamt
- Kfz-Zulassungsstelle
- Sonstige (andere Behörden, Firmen, Arztpraxen, Privatpersonen)

Kauf einer altersgerechten Wohnung

Die gefragten Wohnungen kann man kaufen, aber auch mieten. Beim Mieten muss man allerdings einiges beachten. In der Regel gibt es lange Wartelisten. Es kann unter Umständen Jahre dauern, bis eine Wohnung frei wird. Und ob der Interessent das begehrte Objekt bekommt, sobald er an der Reihe ist, hängt natürlich vom Wohlwollen des Vermieters ab. Wenn der den Eindruck hat, mit dem Mieter evtl. Ärger wegen schleppender Mietzahlungen zu bekommen, wird er die Finger von einem Vertragsabschluss lassen. Manche Vermieter haben möglicherweise schlechte Erfahrungen mit Mietern gemacht und holen heute vorsichtshalber SCHUFA-Auskünfte ein. Wenn der Interessent schließlich doch zu den Glücklichen gehört, gibt es immer noch Unsicherheitsfaktoren. Denn vor künftigen Mieterhöhungen ist er nicht gefeit, selbst wenn sich diese im gesetzlichen Rahmen bewegen. Und das größte Risiko bleibt ihm ohnehin nicht erspart. Er kann jederzeit wegen Eigenbedarf gekündigt werden. Das ist vertraglich gesichert. Der Mieter kann allerdings erneut Glück haben, wenn der Vermieter der Wohnung zu den Kapitalanlegern gehört, die ihr Geld in Immobilienvermögen investieren und deshalb über mehrere altersgerechte Wohnungen verfügen.

Wer sich nun tatsächlich für das Mieten einer solchen Wohnung entscheidet, kann sich die ganze, den Kauf betreffende Prozedur und auch eine Menge Geld sparen. Denn alles, was er jetzt tun muss, ist lediglich die Unterzeichnung eines Mietvertrags. Die auf ihn zukommenden monatlichen Kosten sind zumindest überschaubar und verteilen sich auf drei Zahlungsempfänger: den Vermieter, den Verwalter und den Sozialträger. Der Vermieter erhält die Kaltmiete sowie die einmal zu zahlende Kaution. Der Betrag für die Nebenkosten geht an den Verwalter. Und die Pflichtgebühr für die Betreuung landet beim Sozialträger.

Die genannten Kosten – bis auf die monatliche Kaltmiete und die einmalige Kaution – bleiben auch dem Käufer der Wohnung nicht erspart, wenn er selbst darin wohnt. Aber das sind nur die laufenden Kosten. Alle anderen Kosten hat nur er zu tragen, sobald der Notar und der Bauträger aktiv geworden sind. Der Mieter hat damit nichts am Hut.

Zunächst läuft die notarielle Beurkundung wie üblich ab. Auf die Zusendung eines Vertragsentwurfs folgt die Vorlesung des Vertragstextes im Notariat und dessen Unterzeichnung durch den Wohnungskäufer und den Bauträger. Damit ist der Kauf endgültig besiegelt. Ist die Wohnung noch im Bau, erfolgt die Kaufpreiszahlung gemäß Baufortschrittskontrolle in Raten. Wurde die Wohnung bereits fertiggestellt, wird eine einmalige Zahlung des Kaufpreises fällig. Erst nach Abnahme der Wohnung, des Gemeinschaftseigentums und, falls zutreffend, der Garage erfolgen die zurückbehaltene Restzahlung und die Eigentumsumschreibung im Grundbuch. Damit hat der Käufer aber noch nicht alle Kosten beglichen. Denn neben den Notar- und Grundbuchgebühren fällt zusätzlich eine Grunderwerbsteuer an, deren Betrag je nach Bundesland unterschiedlich hoch ausfällt.

Die Abwicklung des Umzugs erfolgt in der Regel ähnlich der im vorhergehenden Kapitel beschriebenen – egal, ob die gekündigte bzw. verkaufte Immobilie oder die Interimswohnung geräumt wird. Lediglich eine Trennung der Kartons nach ihrer Nutzung entfällt, da jetzt alles auf direktem Weg in die Seniorenwohnung transportiert wird. Hat sich der Mieter bzw. Käufer für eine Neumöblierung entschieden, sollte diese komplett abgeschlossen sein. Näheres zu diesem Thema wird im nachfolgenden Kapitel behandelt. Nach Beendigung des Umzugs überweist der Mieter bzw. Käufer den Rechnungsbetrag an die Umzugsfirma.

Der Mieter bzw. der selbst in der Wohnung lebende Käufer hat nun mehrere Aufgaben zu erfüllen, die für den Fall eines Aufenthalts in einer Interimswohnung bereits im vorhergehenden Kapitel unter Beschilderung, Umstellungen und Adressenänderung beschrieben wurden.

Adressen per E-Mail zu verschicken ist zwar eine Möglichkeit, zumal man den Text mit der Adressenänderung kopieren und pro E-Mail einfügen kann. Das setzt aber voraus, dass alle per E-Mail zu erreichen sind. Außerdem müsste der Betreff jedes Mal separat eingegeben werden, zum Beispiel die Kunden-, Mitglieds-, Konto-, Police- oder Steuernummer.

Mit der Serienbrieffunktion in Word, in Verbindung mit einer Excel-Liste, geht das viel bequemer.

In die Spalten einer Excel-Liste trägt man die Adressdaten ein: Name der Person, Firma oder Behörde; Straße und Hausnummer oder alternativ Postfachnummer; Postleitzahl; Ort. Hinzu käme noch der Betreff mit den erwähnten Nummern. Die Datei könnte *Adressen* genannt werden.

In Word wird der Brief verfasst, der als Datei denselben Namen erhält. Damit klar ist, von wem der Brief stammt, muss ein Briefkopf vorhanden sein. Den Text kann man nach eigenen Wünschen formulieren. Wichtig ist, dass der Wechsel von einer Wohnadresse zu einer anderen ersichtlich ist, wobei die neue Wohnadresse fett markiert werden kann. Hat man ein Postfach und wünscht, dass Postsendungen generell an dieses geschickt werden, sollte dieses und nicht die neue Wohnadresse fett hervorgehoben werden. Empfängeradresse und Betreff werden im Zuge der Verknüpfung von Word mit Excel durch Platzhalter ersetzt und müssen deshalb freibleiben. Dieses Vorgehen ist aus der Checkliste ersichtlich.

Checkliste

Mieten der Seniorenwohnung

Aktivitäten des Mieters
- Unterzeichnung des Mietvertrags
- Abwicklung des Umzugs (wie bei Interimswohnung)

Zahlungen des Mieters
- Rechnung der Umzugsfirma per Überweisung
- Kaltmiete an den Vermieter der Wohnung per Dauerauftrag
- Mietnebenkosten an den Verwalter der Anlage per Dauerauftrag
- Betreuungsgebühr an den Sozialträger per Dauerauftrag

Kauf der Seniorenwohnung

Aktivitäten des Notars
- Zusendung eines Vertragsentwurfs
- Überlassung weiterer Urkunden (Teilungserklärung, Bezugsurkunde)
- Vorlesung des Vertragstextes mit Unterzeichnung von Käufer und
  Bauträger
- Zusendung der Vertragsurkunden
- Auflassungsvormerkung auf den Käufer im Grundbuch
- Eigentumsumschreibung auf den Käufer im Grundbuch

Aktivitäten des Käufers
- regelmäßige Besichtigung der Baustelle (mit Baufortschrittskontrolle)
- abschließende Besichtigung der Baustelle und Abnahme
  (Seniorenwohnung, Gemeinschaftseigentum, Garage)

Aktivitäten des Käufers (bei Eigennutzung)
- Abwicklung des Umzugs (wie bei Interimswohnung)

Zahlungen des Käufers
- Grunderwerbsteuer per Überweisung
- Notar- und Grundbuchgebühren per Überweisung
- Baufortschrittsraten (im Bau befindlich) oder Gesamtkaufpreis
  (fertiggestellter Bau) an den Bauträger per Überweisung

Zahlungen des Käufers (bei Eigennutzung)
- Rechnung der Umzugsfirma per Überweisung
- Mietnebenkosten an den Verwalter der Anlage per Dauerauftrag
- Betreuungsgebühr an den Sozialträger per Dauerauftrag

Mieten bzw. Eigennutzung der Seniorenwohnung

Beschilderung
- Briefkasten
- Türklingel

Umstellungen
- Beauftragung eines Telefonanschlusses an das Festnetz
- Antragstellung für einen Post-Nachsendeauftrag
- Änderung der Lieferadresse für die Tageszeitung
- Anpassung der Hausratversicherung
- Vertragsabschluss für Wohnungsstrom mit Energieanbieter

Adressenänderung
- Rentenversicherung
- Krankenversicherung
- Sachversicherungen
- Banken
- Finanzamt
- Rundfunk und Fernsehen
- Einwohnermeldeamt
- Kfz-Zulassungsstelle
- Sonstige (andere Behörden, Firmen, Arztpraxen, Privatpersonen)

Serienbrieffunktion (Word)
- Sendungen / Seriendruck starten / Briefe
- Empfänger auswählen / Vorhandene Liste verwenden / Tabelle
  auswählen / Zeile markieren / OK
- Seriendruckfeld einfügen / Platzhalter der Reihe nach auswählen
  (Adress-Felder, Betreff-Feld)
- Vorschau Ergebnisse / mit Pfeil-Tasten blättern / Vorschau Ergebnisse
- Fertig stellen und zusammenführen / Dokumente drucken

Möblierung der altersgerechten Wohnung

Mit dem Kauf einer Seniorenwohnung allein ist es nicht getan. Es mag sein, dass unter den Rentnern und Pensionären ein nicht zu unterschätzender Anteil an betuchten Bürgern zu finden ist, der sich auch das ganze Drum und Dran leisten kann. Und wenn dann auch noch eine Altimmobilie zu einem angemessenen Preis verkauft werden kann, steht ohnehin genügend Eigenkapital für eine Finanzierung der Seniorenwohnung zur Verfügung. All diejenigen, die mit ihrem Geld nicht so großzügig umgehen können, sollten bedenken, dass zusätzliche Kosten für den Makler, den Notar, die Eintragung im Grundbuch, die Grunderwerbsteuer und den Umzug anfallen. Da kann es mit den verfügbaren Mitteln für eine neue Wohnungseinrichtung schon mal knapp werden.

Deshalb werden viele ihr altes Mobiliar – soweit es noch intakt ist – in die neue Wohnung mitnehmen. Dies kann auch zum Teil geschehen, während bestimmte Möbel, wie zum Beispiel die ramponierte Couch, neu gekauft werden. Wer aber immer noch genug

Geld übrig hat oder eine Erneuerung vornehmen muss, weil die Altausstattung überwiegend aus Einbaumöbeln besteht, wird sich für eine komplette Neumöblierung entscheiden.

Dieses Vorhaben sollte gut geplant werden. Im Internet kann man zwar fündig werden, aber viele Möbel werden als zerlegte Einzelteile geliefert, die man selbst zusammenbauen muss. Der Service ist in der Regel also gleich Null. Die regionalen Möbelhäuser sind natürlich die bessere Wahl, weil das Mobiliar im Originalzustand betrachtet werden kann. Und wer dort einkauft, kann mit entsprechendem Service beim Aufstellen der Möbel rechnen. Empfehlenswert ist auf jeden Fall der Kauf der gesamten Einrichtung aus einer Hand, wobei eine Schreinerei die ideale Lösung darstellt. Dort bestehen, wie bei den Möbelhäusern, Kontakte zu verschiedenen Anbietern. Zugleich lassen sich aber auch Sonderwünsche realisieren, die nicht in Serienfertigung erfüllt werden können.

Den Mittelpunkt der meisten Seniorenwohnungen bildet ein etwas größerer Raum, der Kochen, Essen und Wohnen miteinander verbindet. Das heißt, der verfügbare Platz ist auf wenige Möbel beschränkt. Ein Möblierungs-beispiel wäre eine Küchenzeile, ein Esstisch mit zwei bis vier Stühlen, eine zwei- bis viersit-zige Couch und eine Schrankwand. Zur Kü-chenzeile sollten auf jeden Fall ein Herd mit Dunstabzugshaube, eine Spülmaschine und ein Kühlschrank mit getrenntem Eisfach gehören. Die Schrankwand müsste unter anderem Platz für TV-Gerät und HiFi-Anlage bieten.

Hinzu kommen noch Schlafzimmer und Bad mit WC. Im Schlafzimmer wären ein mehrteiliger Wandschrank mit Schiebetüren und – je nach Personenzahl – ein bis zwei hö-henverstellbare Betten empfehlenswert. Statt getrennter Betten könnte auch ein Doppelbett, aber kein Französisches Bett, gewählt werden. Vor allem ist auf die Qualität der Matratzen zu achten. Im Bad bietet sich eine ebenerdige Dusche anstelle einer Badewanne an. Das WC und das Waschbecken sollten auf die optimale Höhe eingestellt und mit einem Rollstuhl nutzbar sein. Außer einem platzsparenden Schrankelement sollte eine mit Trockner kom-binierte Waschmaschine untergebracht werden können.

Wer sich für eine Drei-Zimmer-Wohnung entschieden hat, kann sich noch ein Gäste- oder Arbeitszimmer gönnen. Im Gästezimmer könnten eine Schlafcouch und ein Kleiderschrank reichen. Wer den zusätzlichen Raum als Arbeitszimmer nutzen möchte, wird sich für eine Regalwand entscheiden, in der Bücher und Ordner untergebracht werden können. Hinzu kämen eine viel Platz bietende Arbeitsplatte oder ein bis zwei Schreibtische mit den dazugehörigen Bürocontainern und -stühlen.

Die Planung der gesamten Einrichtung sollte gut durchdacht sein. Wer auf seinem Computer oder Laptop eine Scanner-Funktion und ein Zeichenprogramm besitzt, kann den vom Bauträger bereitgestellten Wohnungsgrundriss einscannen, die erstellte Bilddatei im Zeichenprogramm öffnen und den Grundriss symbolisch mit Möbeln füllen. Maßstabgetreue Zeichnungen sind dabei nicht erforderlich, weil Möbelhäuser wie auch Möbelschreiner über spezielle Programme verfügen, mit denen sie komplette Raumgestaltungen simulieren können. Gefallen dem Kunden bestimmte Lösungen, können diese im Ganzen oder zumindest teilweise vor Ort im Original betrachtet werden. Hat der Kunde bereits eine Vorentscheidung gefällt, will zum Beispiel die Farbauswahl aber erst bei einer Begehung der Wohnung treffen, wird der Anbieter dies im Zusammenhang mit dem Maßnehmen verbinden. Abschließend sollten der Umfang der Bestellung, die Preise, mögliche Rabatte sowie die voraussichtlichen Liefertermine festgelegt und die jeweiligen Aufträge erteilt werden, da mit längeren Lieferfristen zu rechnen ist. Vor allem der Möbelschreiner wird für spezielle Arbeiten in der Werkstatt entsprechende Zeit einplanen müssen und demzufolge Anzahlungen für seine Arbeit verlangen.

Bis zur Lieferung der Möbel können bis zu drei Monate vergehen. Aber wenn der Zeitpunkt gekommen ist, besteht immerhin die Gewissheit, dass die Möbel fachgerecht zusammengesetzt bzw. eingebaut werden. Einer Begleichung der Restzahlung steht dann nichts mehr im Wege.

Checkliste

Einrichtungsmöglichkeiten
- komplette Mitnahme des alten Mobiliars
- Kombination aus altem Mobiliar und neuen Möbeln
- Einrichtung mit ausschließlich neuen Möbeln

Quellen für die Beschaffung neuer Möbel
- Internet
- Möbelhäuser
- Möbelschreinerei

Möbel für den meist zusammenhängenden Wohnbereich
- Kochen (Küchenzeile: Herd mit Dunstabzugshaube, Spülmaschine, Kühlschrank mit getrenntem Eisfach)
- Essen (Tisch mit 2-4 Stühlen)
- Wohnen (Couch für 2-4 Personen, Schrankwand mit Platz für TV-Gerät und HiFi-Anlage)

Möbel für weitere Räume
- Schlafzimmer (Wandschrank mit Schiebetüren, 1-2 höhenverstellbare Betten oder ein entsprechendes Doppelbett)
- Bad (Schrankelement, Waschmaschine mit Trockner)
- Abstellkammer (Regal)
- Garderobe (Schrankelement)
- Gästezimmer (Schlafcouch, Kleiderschrank) oder alternativ Arbeitszimmer (Regalwand, Arbeitsplatte oder 1-2 Schreibtische, je 1-2 Bürocontainer und Bürostühle)
- Sonstige Anschaffungen (Beleuchtung, Vorhänge, Zubehör usw.)

Abwicklung der Beschaffungsmodalitäten
- Besuch im Möbelhaus bzw. in der Möbelschreinerei
- Anfertigung von Möbelentwürfen durch den Kaufinteressenten
- Simulation von Raumgestaltungen durch den Möbelanbieter
- Betrachtung von Möbeln im Original und Vorentscheidung
- Maßnehmen und Detailklärung in der Seniorenwohnung
- Einigung über Bestellumfang, Preise, Rabatte und Liefertermine
- Möbelbestellung, Auftragsbestätigung und Leistung von Anzahlungen
- Lieferung und Aufstellung bzw. Einbau der Möbel
- Abnahme der Möblierung und Leistung von Restzahlungen

Das Betreuungskonzept

Das Besondere an den sogenannten Wohnparks, in denen mehrere Wohnblocks mit Seniorenwohnungen um ein Quartiershaus herum platziert sind, ist das Betreuungskonzept. Es unterteilt sich in drei Leistungsbereiche.

Der erste Bereich beinhaltet die Grundleistungen, die mit der Zahlung der monatlichen Betreuungsgebühr an den Sozialträger abgegolten sind. Dazu zählen Hilfsmaßnahmen, die das Leben im Alter erleichtern. Die einen haben im Umgang mit Behörden Schwierigkeiten. Die andern benötigen Unterstützung im Haushalt. Manche fühlen sich einsam und suchen nach Gleichgesinnten oder würden gern an der einen oder anderen Veranstaltung teilnehmen. Und dann gibt es noch die speziellen Angebote wie Verwahrung von Ersatzschlüsseln für die Wohnung, die Nutzung einer Notrufeinrichtung für den Ernstfall und Kurzzeitbetreuung bei Erkrankung und Unfall.

Der zweite Bereich bietet kostenpflichtige Wahlleistungen an – unterteilt in hauswirtschaftliche und pflegerische Wahlleistungen.

Unter die hauswirtschaftlichen Wahlleistungen fällt eine Vielzahl weiterer Hilfeleistungen im Haushalt. Von der Blumenpflege und Müllentsorgung über Einkaufshilfe, Begleitung bei Arztbesuchen, Boten- und Behördengänge, Fahrdienste, Friseurservice, Fußpflege und Physiotherapie bis zur Verpflegung durch einen Menüservice wird alles geboten, was Senioren und Seniorinnen unterstützt, die zwar noch kein Pflegefall sind, sich aber bei der Bewältigung von Alltagstätigkeiten schwer tun. Die pflegerischen Wahlleistungen hingegen betreffen diejenigen Senioren und Seniorinnen, die noch keine Pflegestufe in Anspruch nehmen können, aber dennoch persönliche und medizinische Hilfe benötigen. Zur persönlichen Hilfe gehören die Grundpflege wie Waschen, Duschen, Haarpflege und Mundhygiene, Hilfe bei der Einnahme von Mahlzeiten und Medikamenten, beim An- und Auskleiden, beim Zubettgehen und Aufstehen sowie die Durchführung von Nachtwachen. Die medizinische Hilfe umfasst die Durchführung von Maßnahmen nach ärztlicher Verordnung wie Injektionen, Wundbehandlungen und das Anlegen und Wechseln von Verbänden.

Die Inanspruchnahme sämtlicher Wahlleistungen wird direkt mit dem Sozialträger abgerechnet.

Tritt tatsächlich der Pflegefall ein, zahlt die Pflegeversicherung den Hauptanteil der reinen Pflege und Betreuung, wobei die Höhe des monatlichen Betrages von der Pflegestufe abhängt. Der Eigenanteil richtet sich danach, ob der zu Pflegende in einem Heim untergebracht ist oder nicht. Der im Heim untergebrachte Pflegebedürftige musste – Stand Januar 2021 – im bundesweiten Schnitt 2.068 Euro pro Monat zahlen. Darin enthalten waren die Kosten für Unterkunft, Verpflegung und Investitionen in die jeweilige Einrichtung. Für einen in den eigenen vier Wänden betreuten Pflegebedürftigen hingegen fällt nur der Eigenanteil für die reine Pflege und Betreuung an. Dieser Kostenanteil lag – wiederum Stand Januar 2021 – im bundesweiten Schnitt bei 831 Euro pro Monat. Allein dieser Vergleich zeigt den Vorteil, den Lebensabend in den eigenen vier Wänden zu verbringen – angesichts des Pflegenotstands bevorzugt in der Seniorenwohnung eines speziell hierfür errichteten Wohnparks.

Checkliste

Grundleistungen
- Beratung und Unterstützung bei Behördenangelegenheiten
- Vermittlung von Wäsche- und Reinigungsdiensten
- technische Hilfeleistungen in der Wohnung
- Organisation von Gemeinschaftseinrichtungen und Veranstaltungen
- auf Wunsch Verwahrung der Wohnungsersatzschlüssel
- Nutzung der Notrufeinrichtung im Ernstfall
- Kurzzeitbetreuung bei Erkrankung und Unfall

Hauswirtschaftliche Wahlleistungen
- Blumenpflege, Müllentsorgung in der Wohnung
- Einkaufshilfe, Begleitung bei Arztbesuchen, Boten- und
  Behördengänge
- Fahrdienste, Friseurservice, Fußpflege, Physiotherapie
- Verpflegung durch einen Menüservice

Pflegerische Wahlleistungen
- Grundpflege wie Waschen, Duschen, Haarpflege, Mundhygiene usw.
- Hilfe bei der Einnahme von Mahlzeiten und Medikamenten,
  beim An- und Auskleiden sowie beim Zubettgehen und Aufstehen
- Durchführung von Nachtwachen
- Durchführung von Maßnahmen nach ärztlicher Verordnung wie
  Injektionen, Wundbehandlungen, Anlegen und Wechseln von
  Verbänden usw.

Abrechnung mit dem Sozialträger
- Inanspruchnahme der Grundleistungen ist mit Zahlung der
  monatlichen Betreuungsgebühr abgegolten
- Inanspruchnahme der Wahlleistungen wird direkt mit dem Sozialträger
  abgerechnet

Eintritt des Pflegefalls
- Pflegeversicherung zahlt je nach Pflegestufe Hauptanteil der reinen
  Pflege und Betreuung
- Eigenanteil im Heim enthält zusätzliche Kosten für Unterkunft und
  Investitionen in die jeweilige Einrichtung
- Eigenanteil in den eigenen vier Wänden betrifft nur reine Pflege und
  Betreuung

Die Eigentümergemeinschaft

In einem Wohnpark mit Quartiershaus für die vor Ort tätigen Pflegekräfte und mehreren Gebäuden mit Eigentumswohnungen für Senioren und Seniorinnen ist zwar jede einzelne Person ein wichtiger Teil der Gemeinschaft. Dennoch spielt die Eigentümergemeinschaft als Ganzes eine ebenso wichtige Rolle. Beide, der einzelne Wohnungseigentümer und die Eigentümergemeinschaft, haben Pflichten zu erfüllen, verfügen aber zugleich über Rechte.

Zu den Pflichten der Wohnungseigentümer zählen die Pflege des Eigentums, die Anzeige erheblicher Schäden am Eigentum und die Meldung von Ungeziefer innerhalb des Eigentums, ferner die Einholung einer schriftlichen Zustimmung des Verwalters bei baulichen Veränderungen am Eigentum sowie die Einhaltung der Hausordnung. Letztere gilt auch für die Mieter. Hingegen ist für den Abschluss von Versicherungen und die Ansammlung einer Instandhaltungsrücklage die Eigentümergemeinschaft zuständig.

Pflichtverletzungen eines Wohnungseigentümers oder Mieters sollten in einer solchen

Anlage eher selten vorkommen, können aber nicht ausgeschlossen werden. Vor allem bei der Haltung von Haustieren sind Probleme denkbar. Wenn zum Beispiel ein Hund ständig bellt, kann der Hausfrieden schon mal gestört werden.

Zu den Rechten gehören vorrangig die Nutzung des Sondereigentums durch den Wohnungseigentümer und des gemeinschaftlichen Eigentums durch die Eigentümergemeinschaft. Ein Recht besteht aber auch für die Vermietung sowie Weiterveräußerung des Sondereigentums an Dritte anstelle einer Eigennutzung durch den Wohnungseigentümer.

Hier kann speziell die Veräußerung des Sondereigentums zum Problem werden, wenn der Verkäufer einer Seniorenwohnung zu den Immobilienspekulanten gehört und schon nach kurzer Zeit die Immobilie angesichts gestiegener Nachfrage zu einem deutlich höheren Preis veräußert. Und da diese Leute das Objekt erfahrungsgemäß vermietet haben, brechen für den Mieter schwere Zeiten an. Entweder will der Käufer selbst in die Wohnung einziehen oder er erhöht die Kaltmiete.

Dem Mieter bleibt dann so oder so keine andere Wahl, als aus der Wohnung auszuziehen.

Abschließend soll noch einmal auf die Eigentümergemeinschaft eingegangen werden. Das Wohnungseigentumsgesetz schreibt bestimmte Regularien vor, ohne die eine Gemeinschaft von Wohnungseigentümern nicht handlungsfähig ist. Wie ein solcher verwaltungstechnischer Vorgang ablaufen könnte, zeigt das folgende Beispiel.

Die Gesamtheit der Wohnungseigentümer bildet die Eigentümerversammlung. Diese bestellt mit Stimmenmehrheit den Verwalter für eine bestimmte Dauer. Der Verwalter wiederum beruft mindestens einmal im Jahr eine Eigentümerversammlung ein, die letztlich mit Stimmenmehrheit die Bestellung eines Verwaltungsbeirats beschließt.

Abweichungen hiervon sind natürlich möglich, wobei gesetzliche Bestimmungen zu beachten sind. Diese wiederum können bei Bedarf angepasst werden.

Checkliste

Pflichten der Wohnungseigentümer bzw. der Eigentümergemeinschaft
- Instandhaltung und Instandsetzung des Sondereigentums durch
  den jeweiligen Wohnungseigentümer
- Instandhaltung und Instandsetzung des gemeinschaftlichen
  Eigentums durch die Eigentümergemeinschaft
- Anzeige von Schäden am gemeinschaftlichen Eigentum bzw. von
  erheblichen Schäden am Sondereigentum durch den feststellenden
  Wohnungseigentümer
- Meldung eines Auftretens von Ungeziefer durch den feststellenden
  Wohnungseigentümer
- bauliche Veränderungen am Sondereigentum eines Wohnungs-
  eigentümers nur mit schriftlicher Zustimmung des Verwalters
- Abschluss von Versicherungen durch die Eigentümergemeinschaft
- Ansammlung einer Instandhaltungsrücklage für das gemeinschaftliche
  Eigentum durch die Eigentümergemeinschaft
- Einhaltung der Hausordnung durch alle Wohnungseigentümer
  und Mieter

Rechte der Wohnungseigentümer bzw. der Eigentümergemeinschaft
- Nutzung des Sondereigentums durch den Wohnungseigentümer im
  Sinne der Gemeinschaftsordnung
- Nutzung des gemeinschaftlichen Eigentums durch die Eigentümer-
  gemeinschaft im Sinne der Gemeinschaftsordnung
- Vermietung des Sondereigentums an Dritte statt Eigennutzung durch
  den Wohnungseigentümer
- Weiterveräußerung des Sondereigentums an Dritte statt Eigennutzung
  durch den Wohnungseigentümer

Organe der Eigentümergemeinschaft gemäß Wohnungseigentums-
gesetz
- Gesamtheit der Wohnungseigentümer bildet die Eigentümer-
  versammlung
- Eigentümerversammlung bestellt mit Stimmenmehrheit den Verwalter
  für eine bestimmte Dauer
- Verwalter beruft mindestens einmal im Jahr unter Bekanntgabe von
  Ort, Zeit und Tagesordnung eine Eigentümerversammlung ein
- Eigentümerversammlung kann mit Stimmenmehrheit die Bestellung
  eines Verwaltungsbeirates beschließen

Wichtige Versicherungen

Wie wichtig bestimmte Versicherungen auch oder gerade im Alter sind, sollte nicht unterschätzt werden. Denn passieren kann schnell etwas. Zwei unverzichtbare Versicherungen sind die Verbundene Wohngebäudeversicherung und die Haus- und Grundbesitzer-Haftpflichtversicherung. Erstere deckt durch Feuer, Leitungswasser, Sturm und Hagel verursachte Schäden. In Letzterer sind Ansprüche wegen Personen-, Sach- und Vermögensschäden versichert. Beide Versicherungen kann sich der Eigentümer einer Seniorenwohnung allerdings sparen, weil diese von der Eigentümergemeinschaft für alle Wohnungseigentümer abgeschlossen werden. Was die Verbundene Wohngebäudeversicherung betrifft, sind die Gebäude eines Wohnparks in der Regel sogar gegen Elementarschäden wie zum Beispiel Überschwemmung, Erdbeben und Schneedruck versichert.

Sparen können sich die Seniorinnen und Senioren auch Versicherungen, die im Alter völlig überflüssig sind. Dazu gehören Lebens- und Unfallversicherung. Eine Lebensversicherung sollte bis zum Eintritt ins Renten- bzw. Pensionsalter ausbezahlt worden sein. Und eine Unfallversicherung in Verbindung mit einem Alltagsmanager lohnt sich für Seniorinnen und Senioren, die in einem Wohnpark mit alten- und behindertengerechten Wohnungen leben und bei Bedarf in den eigenen vier Wänden gepflegt werden, ohnehin nicht.

Dringend notwendig ist hingegen die Private Haftpflichtversicherung, die Personen-, Sach- und Vermögensschäden im Privatbereich deckt. Ein Sachschaden wie das Umstoßen einer teuren Vase wäre vielleicht noch ohne Versicherung ersetzbar. Anders sieht es aus, wenn die Seniorin oder der Senior durch Unachtsamkeit als Fußgänger einen Unfall im Straßenverkehr verursacht, bei dem infolge einer Kettenreaktion ein riesiger Sach- und Personenschaden entsteht. Dann kommen schnell sechs- bis siebenstellige Summen zusammen, die auf einen Schlag eine ganze Existenz zerstören können.

Zumindest zu empfehlen ist die Hausratversicherung. Wenn zum Beispiel durch ein außergewöhnliches Unwetter Sachschäden entstehen, deckt die Verbundene Wohngebäudeversicherung nur Schäden am Sonder- und Gemeinschaftseigentum. Der in einer Wohnung befindliche Hausrat wie Möbel, Elektronik, Kleidung, Geschirr usw. ist nicht mitversichert und muss separat abgeschlossen werden. Übrigens können in die Hausratversicherung auch Schäden außerhalb der eigenen vier Wände mit einbezogen werden – zum Beispiel, wenn im Zimmer eines Hotels oder Krankenhauses etwas gestohlen wird.

Nicht zuletzt sollte auch eine Rechtsschutzversicherung abgeschlossen werden. Dafür kann es viele Gründe geben. Sie werden als Fußgänger von einem Auto angefahren und haben wegen einer Verletzung Anspruch auf Schmerzensgeld. Oder Sie wollen einen Ihrer Meinung nach nicht gerechtfertigten Bußgeldbescheid abwehren. Oder Sie erheben als Wohnungseigentümer oder als Mieter Einspruch gegen die nicht nachvollziehbare jährliche Nebenkostenabrechnung des Verwalters. Ausgeschlossen sind allerdings Streitigkeiten zwischen Mietern und Vermietern sowie Erbschaftsangelegenheiten.

Checkliste

Private Haftpflichtversicherung
- Versicherung gegen Personen-, Sach- und Vermögensschäden
- empfohlene Versicherungssumme pauschal 30.000.000 Euro
- Mitversicherung von Schlüsselverlust (z.b. Schlüssel für Banksafe)

Hausratversicherung
- Versicherung von Hausrat zum Wiederbeschaffungspreis
- Versicherungsumfang (Brand, Blitzschlag, Explosion, Implosion, Einbruchdiebstahl, Raub, Vandalismus, Leitungswasser, Sturm, Hagel)
- erweiterter Leistungsumfang (Diebstahl aus Hotelzimmer oder Zimmer im Krankenhaus, aus Schiffskabine oder Schlafwagenabteil, Missbrauch von Mobiltelefonen, Scheck- und Kreditkarten, Kosten für abhanden gekommene amtliche Reisedokumente, außerdem durch Blitzschlag ausgelöste Überspannungsschäden, Schäden an jeglicher Art von Gebäude- und Mobiliarverglasung sowie durch grobe Fahrlässigkeit entstandene Schäden)
- Berechnungsgrundlage ist die Wohnfläche

Rechtsschutzversicherung
- Versicherungsbereiche (Privatangelegenheiten, Haus und Wohnung, Verkehr, ausgeschlossen sind Streitigkeiten zwischen Vermieter und Mieter sowie Erbschaftsangelegenheiten)
- Versicherungsumfang (Schadenersatz, Steuerangelegenheiten, Strafsachen, Ordnungswidrigkeiten, Opferhilfe, Verletzung des Vertrags- und Sachenrechts)
- Versicherungsbeispiele (Anspruch auf Schmerzensgeld, Einspruch gegen die jährliche Nebenkostenabrechnung des Verwalters, Abwehr eines Bußgeldbescheids)

Sonstige Versicherungen
- Verbundene Wohngebäudeversicherung (Elementarversicherung meist inklusive) und Haus- und Grundbesitzer-Haftpflichtversicherung entfallen (Abschluss erfolgt durch Eigentümergemeinschaft)
- Lebens- und Unfallversicherung sind überflüssig

Steuerliche Aspekte

Wer eine Rente oder Pension bezieht, die über die persönlichen Freibeträge hinausgeht – und das dürften wohl alle Seniorinnen und Senioren sein, die sich eine Wohnung mit Pflege in den eigenen vier Wänden leisten können – ist zwar steuerpflichtig, kann aber diverse Ausgaben von der Steuer absetzen. Hierbei handelt es sich um Vorsorgeaufwand, außergewöhnliche Belastungen und haushaltsnahe Dienstleistungen.

Unter den Vorsorgeaufwand fallen Beiträge für die gesetzliche oder private Krankenversicherung, eine evtl. vorhandene private Zusatzversicherung zur gesetzlichen Krankenversicherung sowie die private Haftpflichtversicherung.

Zu den außergewöhnlichen Belastungen zählen Ausgaben für Impfungen, Blutabnahmen, EKG, Sonografie, CT, MRT und sonstige medizinische bzw. zahnmedizinische Behandlungen sowie technische Hilfsmittel und Medikamente.

Haushaltsnahe Dienstleistungen umfassen neben Renovierungen und selbst zu zahlenden

Reparaturen einige Wohnnebenkosten wie Hausmeistertätigkeiten und Wartungsarbeiten sowie die Betreuungsgebühr. Allerdings dürfen nur zwanzig Prozent von den Lohnkosten bzw. der Betreuungsgebühr angesetzt werden.

Wer es sich zutraut, die Einkommensteuererklärung selbst auszufüllen, kann sich den Steuerberater sparen. Formulare in Papierform wie früher sind allerdings nicht mehr zulässig. Die Eingaben müssen im Internet über das kostenlose *MeinElster* oder eine andere, jedoch kostenpflichtige Software erfolgen. Das Wichtigste über *MeinElster* ist in der nachfolgenden Checkliste nachzulesen.

Checkliste

Vorsorgeaufwand
- gesetzliche Krankenversicherung (KV-Beiträge für Kranken- und
  Pflegeversicherung, private Zusatzversicherung, abzüglich Zuschuss
  der Rentenversicherung)
- private Krankenversicherung (KV-Beiträge für Kranken- und
  Pflegeversicherung, abzüglich Zuschuss der Rentenversicherung und
  Rückerstattung der privaten Krankenversicherung)
- private Haftpflichtversicherung

Außergewöhnliche Belastungen
- medizinische Behandlungen (Impfungen, Blutentnahmen, EKG,
  Sonografie, CT, MRT, Augen-, Ohren- und Hautuntersuchung)
- zahnmedizinische Behandlungen (Zahnuntersuchung, -reinigung
  und -entfernung, Röntgen, Zahnersatz)
- technische Hilfsmittel (z.B. Krücken, Rollstuhl)
- Medikamente (z.B. gegen Bluthochdruck)

Haushaltsnahe Dienstleistungen innerhalb des Sondereigentums
- Renovierungen (z.B. Malerarbeiten)
- selbst zu zahlende Reparaturen (z.B. Fensterscheibe, Türgriff,
  Brausekopf, Heizkörperventil, Lichtschalter)
- Mietnebenkosten (z.B. Hausmeistertätigkeiten, Wartungsarbeiten)
- Betreuungsgebühr
- abzugsfähig sind jeweils 20% von den Lohnkosten bzw. der
  Betreuungsgebühr (max. bis 4.000 Euro)

Nutzung von *MeinElster*
- Eingabe im Browser: *elster.de* (Website wird angezeigt)
- Registrierung starten: Name und Steuernummer eingeben, Zertifikat
  beantragen
- Finanzamt schickt zwei Codes: je einen per E-Mail und per Post
- erneut Registrierung starten: Name, Steuernummer und beide Codes
  eingeben
- Zertifikatsdatei wird erstellt und auf PC/Laptop gespeichert
- Login: Zertifikatsdatei anklicken, eigenes Passwort eingeben und
  beim ersten Mal wiederholen
- Programm wird gestartet: Neues Formular *Einkommensteuer* für
  zutreffendes Jahr auswählen
- Formularseiten ausfüllen (ab 2. Jahr automatische Übernahme
  der Vorjahresdaten, die nur noch korrigiert werden müssen)

Vorbereitung auf den Notfall

Empfehlenswert ist die Führung einer Notfallmappe, die aus drei Teilen bestehen sollte: Aktivitäten bei Einweisung in ein Krankenhaus, Aktivitäten im Todesfall und Bestandsaufnahme des Nachlasses. Zu Katastrophen gibt es einen eigenen Ratgeber (bbk.bund.de).

Tritt zum Beispiel ein Notfall ein – ein Unfall, ein Verdacht auf Herzinfarkt oder Schlaganfall – sind Seniorinnen und Senioren in ihren eigenen vier Wänden eines Wohnparks von vornherein begünstigt. Denn nach Aktivierung der Notrufeinrichtung ist medizinische Hilfe rasch zur Stelle. Ob erste Hilfe durch einen Sanitäter, Behandlung durch den Notarzt oder Transport in ein Krankenhaus – eine noch bessere medizinische Versorgung gibt es nicht.

Die Seniorin oder der Senior sollte allerdings ein paar Vorsorgemaßnahmen treffen. Vor allem dann, wenn die oder der von dem Notfall Betroffene allein in der Wohnung lebt, wäre die Bereithaltung von Gepäck für einen Krankenhausaufenthalt ratsam. Auch die benötigten Dokumente sollten stets griffbereit sein. Dazu gehören die Krankenversicherungskarte, der Personalausweis, die Vorsorgevollmacht, die Patientenverfügung, der Medikamentenplan und das Impfbuch.

Auch für den Todesfall sind die eigenen Aktivitäten noch überschaubar. Die Ausstellung des Totenscheins, der die Grundlage für die Sterbeurkunde ist, erfolgt durch den zuständigen Arzt. Bei natürlichem Tod ist das der Hausarzt, beim Tod nach einem Rettungsdiensteinsatz der Notarzt und nach einem Eingriff im Krankenhaus der diensthabende Arzt. Auch die Bestattung ist Sache des Bestattungsinstituts, das frühzeitig eingebunden werden sollte.

Die Seniorin oder der Senior muss lediglich festlegen, wer im Todesfall zu benachrichtigen ist und bei welchen Institutionen Abmeldungen vorzunehmen sind. Was Ersteres betrifft, handelt es sich einerseits um das Bestattungsinstitut, das alles erledigt, was zu Lebzeiten vereinbart worden ist. Andererseits geht es um einen festgelegten, eher privaten Personenkreis wie Verwandte, Freunde und Bekannte. Letzteres regelt die erforderlichen Abmeldungen bei Renten- und Krankenversicherung. Die entsprechenden Adressen und Telefonnummern – bei den Versicherungen zusätzlich die Nummer des Rentenbescheids bzw. des Krankenversicherungsvertrags – sollten auf jeden Fall Teil der Notfallmappe sein.

Bei einer Bestandsaufnahme des Nachlasses kommt auf die Seniorin oder den Senior ein größerer Arbeitsaufwand zu. Getrennt werden sollte der zu erwartende Nachlass wegen der besseren Übersicht nach Immobilien (eigengenutzt und vermietet), Kraftfahrzeug, Hausbank, Finanzamt und sonstigen Dienstleistern.

Für die eigengenutzte Immobilie – in diesem Fall die altersgerechte Eigentumswohnung – sollten folgende Unterlagen und Gegenstände aufbewahrt werden: notarielle Urkunden, die Immobilie betreffende Dokumente (Lageplan, Grundriss, Baubeschreibung), auf den Wohnungseigentümer entfallende Sachversicherungspolicen (Hausrat, private Haftpflicht, Rechtsschutz) und Energieversorgungsverträge (Strom) sowie zur Wohnung gehörende Schlüssel.

Auch für eine vermietete Immobilie sollten Urkunden und Dokumente, außerdem Mietvertrag und Ersatzschlüssel vorhanden sein.

Handelt es sich dabei um ein vermietetes Mehrfamilienhaus, sind noch weitere Unterlagen unverzichtbar: Policen für Verbundene Wohngebäudeversicherung (ggf. mit Elementarversicherung) und Haus- und Grundbesitzer-Haftpflichtversicherung, Lieferverträge für Strom, Wasser und Heizungsenergie, Gebührenbescheide für Grundsteuer, Müllentsorgung und Straßenreinigung, Wartungsverträge für Heizung, Feuerlöscher und Rauchmelder sowie Bescheinigungen des Kaminkehrers.

Ist ein Kraftfahrzeug mit Stellplatz oder Garage vorhanden, dürfen Fahrzeugschein und -brief oder alternativ der Leasing-Vertrag, Kfz-Steuerbescheid und -Versicherungspolice sowie die Fernbedienung oder alternativ der Schlüssel für Fahrzeug und Garage nicht fehlen.

Wichtige Unterlagen oder Gegenstände der Hausbank sind Konto-Vollmachten (Giro- und Sparkonto) für Angehörige bzw. Erben, EC-Karte (PIN gehört in eine Code-Liste), Wertpapiere (z.B. Aktien, Fonds), Darlehensverträge und der Schlüssel für den Banksafe (mit separater Vollmacht).

Für das Finanzamt sind die Einkommensteuererklärungen und -bescheide der letzten zehn Jahre zusammen mit den Originalbelegen und Kontoauszügen aufzubewahren, ferner die Buchhaltung des laufenden Kalenderjahres.

Für sonstige Dienstleister reicht eine kombinierte Adress- und Telefonliste mit jeweiliger Angabe von Kunden- oder Mitgliedsnummer. In diese Liste gehören unter anderem der Telefonanbieter, der Gebührenempfänger für Radio/TV, die Deutsche Post (Nachsendeauftrag, Postfach), Zeitungs- und Zeitschriftenverlage, der Internet-Provider (E-Mail, Website), Vereine, Partei, Kirche und Behörden (z.B. Führerschein- und Kfz-Zulassungsstelle).

Speziell für vermietete Immobilien und ein vorhandenes Kraftfahrzeug sind Adressen und Telefonnummern von Handwerksbetrieben nützlich. Wenn sämtliche erwähnten Informationen und Unterlagen verfügbar sind, ersparen sich der verbliebene Partner bzw. die Erben eine aufwendige Suchaktion. Die wichtigsten Dokumente sollten allerdings sicher in einem Banksafe aufbewahrt werden. Doch dazu anschließend mehr.

Checkliste

Aktivitäten bei Einweisung ins Krankenhaus

Notruf
- Alleinstehenden wird Hinterlegung des Wohnungszweitschlüssels
  beim Sozialträger empfohlen
- Aktivierung der Notrufeinrichtung (nur im Ernstfall wie z.B. bei Unfall
  mit Hilflosigkeit, Erstickungs- oder Vergiftungsgefahr, Verdacht auf
  Herzinfarkt oder Schlaganfall)

Medizinische Versorgung
- Sanitäter leistet Erste Hilfe (wenn erforderlich mit Notarzteinsatz)
- bei Transport eines / einer Alleinstehenden ins Krankenhaus
  benachrichtigt der Sozialträger die Angehörigen (in Adress- und
  Telefonverzeichnis aufnehmen)

Gepäck und Dokumente
- Alleinstehenden wird Bereithaltung von Gepäck für den Ernstfall
  empfohlen
- notwendige Dokumente sollten generell griffbereit sein
  (Krankenversicherungskarte, Personalausweis, Vorsorgevollmacht
  und Patientenverfügung in beglaubigter Kopie, Medikamentenplan
  und Impfbuch)
- Auskünfte über Vorerkrankungen erteilt der Hausarzt (in Adress-
  und Telefonverzeichnis aufnehmen)

Aktivitäten im Todesfall

Vorsorgemaßnahmen
- Alleinstehende können tägliche Rückmeldung beim Sozialträger
  vereinbaren
- bei ausbleibender Rückmeldung erfolgt Kontrollanruf
- bei fehlendem Lebenszeichen werden Notarzt und Angehörige
  verständigt

Beurkundung im Todesfall
- Ausstellung des Totenscheins durch den zuständigen Arzt
  (Notarzt, Arzt im Krankenhaus, Hausarzt)
- Totenschein wird für Sterbeurkunde benötigt

Benachrichtigungen
- Verständigung des Bestattungsinstituts durch Partner / Angehörige
- Verständigung von Verwandten, Freunden und Bekannten durch
  Partner / Angehörige
- in Adress- und Telefonverzeichnis aufnehmen

Bestattung
- Partner / Alleinstehende sollten ihre Bestattungswünsche frühzeitig
  mit dem Bestattungsinstitut absprechen
- Bestattungsinstitut beantragt Sterbeurkunde und ggf. Erbschein unter
  Vorlage des Totenscheins
- Bestattungsinstitut sorgt für das übliche Prozedere einer Erd- oder
  Urnenbestattung

Abmeldungen
- Pension bzw. Altersrente mit / ohne Betriebsrente (z.B. Deutsche
  Rentenversicherung mit Angabe der Rentenbescheid-Nummer)
- Private bzw. Gesetzliche Krankenversicherung mit / ohne Private
  Zusatzversicherung (mit Angabe der Versicherungspolice-Nummer)
- in Adress- und Telefonverzeichnis aufnehmen

Bestandsaufnahme des Nachlasses

Altersgerechte Eigentumswohnung
- Urkunden (Kaufvertrag, Teilungserklärung, Grundschuldbestellung)
- Dokumente (Lageplan, Grundriss, Baubeschreibung)
- Versicherungspolicen (Hausrat, private Haftpflicht, Rechtsschutz)
- Energieversorgungsvertrag (Strom)
- Schlüssel für Haus, Wohnung und Briefkasten

Vermietete Immobilien
- Urkunden (Kaufvertrag, Teilungserklärung, Grundschuldbestellung)
- Dokumente (Lageplan, Grundriss, Baubeschreibung)
- Mietverträge
- Versicherungspolicen (Wohngebäude, Elementarschäden,
  Haus- und Grundbesitzer-Haftpflicht *)
- Lieferverträge (Strom / Wasser, Heizung *)
- Bescheide (Grundsteuer / Müllentsorgung, Straßenreinigung *)
- Wartungsverträge (Heizung, Feuerlöscher, Rauchmelder *)
- Bescheinigung des Kaminkehrers *)
- Ersatzschlüssel für Haus, Wohnung(en) und Briefkasten/-kästen

*) betrifft nur Ein- und Mehrfamilienhäuser

142

Kraftfahrzeug mit Stellplatz oder Garage
- Fahrzeugschein und -brief (alternativ Leasing-Vertrag)
- Kfz-Steuerbescheid und -Versicherungspolice
- Schlüssel oder Fernbedienung für Kfz und Garage

Hausbank
- Giro- und Sparkonto (Vollmachten für Angehörige bzw. Erben
  empfehlenswert)
- EC-Karte (PIN gehört in eine Code-Liste)
- Wertpapiere (z.b. Aktien, Fonds)
- Darlehensverträge
- Schlüssel für Banksafe (mit separater Vollmacht für Angehörige bzw.
  Erben)

Finanzamt
- Einkommensteuererklärungen und -bescheide (Aufbewahrung
  der letzten 10 Jahre)
- Original-Belege und Kontoauszüge (Aufbewahrung der letzten
  10 Jahre)
- Buchhaltung des lfd. Kalenderjahres (Steuerberater hinzuziehen)

Sonstige Dienstleister
- Telefonanbieter (z.B. Telekom Deutschland, Festnetz-Anschluss)
- Radio-/TV-Gebührenempfänger (ARD ZDF Deutschlandradio)
- Deutsche Post (Postfach)
- Druckmedien (Tageszeitung, Zeitschriften)
- Internet-Provider (z.B. T-Online, E-Mail-Postfach, Website)
- Vereine (z.b. ADAC), Partei, Kirche und Behörden (z.b. Führerschein-
  und Kfz-Zulassungsstelle)
- Handwerksbetriebe (speziell für vermietete Immobilien)

Eintritt des Erbfalls nach dem Berliner Testament
- der überlebende Partner übernimmt als Vorerbe den Nachlass
- nach dem Tod des Vorerben lösen die Nacherben den Nachlass
  entweder ganz oder teilweise auf (z.b. Kündigung der Verträge mit
  Dienstleistern)
- alle den Nachlass betreffenden Dienstleister sind in Adress- und
  Telefonverzeichnis aufzunehmen

Verwahrung von Dokumenten

Sämtliche in der Notfallmappe erwähnten Dokumente sind wichtige Papiere, die auf jeden Fall sicher verwahrt werden müssen. Nichts ist problematischer, vor allem aber aufwendiger wiederzubeschaffen als ein verlorengegangenes Dokument. Und damit ist nicht nur der zeitliche Aufwand gemeint. Die Wiederbeschaffung derartiger Papiere kostet meist auch einen Haufen Geld.

Sicher aufbewahren lassen sich Dokumente in einem Safe, am besten in einem Banksafe. Damit im Notfall auch Angehörige bzw. Erben diesen öffnen können, um an dringend benötigte Unterlagen heranzukommen, sollten dem befugten Personenkreis separate Vollmachten für den Banksafe erteilt werden.

Es gibt einige Dokumente, deren Originale im Banksafe nicht nur sicher verwahrt sind, sondern auch ausreichen, ohne Kopien anfertigen zu müssen. Dazu gehören notarielle Urkunden wie Kaufverträge von Immobilien, Teilungserklärungen, Grundbucheintragungen und Grundschuldbestellungen, Altersversorgungsbescheide, Darlehens- und Leasingverträge, Geldanlagedokumente wie Sparbücher, Wertpapiere und Fonds, eine Code-Liste mit Passwörtern und PIN-Nummern, das Familienstammbuch und der Fahrzeugbrief.

Bei weiteren Dokumenten genügt es, wenn von den Originalen im Banksafe Kopien angefertigt und z.B. in die Notfallmappe aufgenommen werden. Hierzu zählen die Versicherungspolicen, die Regelungen mit dem Bestattungsinstitut, amtliche Bescheide, Energieliefer- und Wartungsverträge, die Vorsorgevollmacht, die Patientenverfügung und das Testament. Für die drei Letzteren sind beglaubigte Kopien empfehlenswert. Bei Mietverträgen, deren Originale in den Unterlagen der Mieter aufbewahrt werden, reichen für den Banksafe hingegen Kopien.

Die übrigen Utensilien gehören nicht in den Banksafe, müssen aber anderweitig vor unerlaubtem Zugriff geschützt werden. Dabei handelt es sich um Krankenversicherungs- und EC-Karte, Personalausweis, Fahrzeug- und Führerschein, Notrufeinrichtung und Schlüssel (Haus-, Wohnungs-, Briefkasten-, Postfach-, Banksafe-, Kfz- und Garagenschlüssel).

Checkliste

Originale ausschließlich im Banksafe
- notarielle Urkunden (Immobilien-Kaufverträge, Teilungserklärungen, Grundbucheintragungen, Grundschuldbestellungen)
- Altersversorgungsbescheide
- Darlehens- und Leasingverträge
- Geldanlagedokumente (Sparbücher, Wertpapiere, Fonds)
- Code-Liste (Passwörter, PIN-Nummern)
- sonstige Dokumente (Familienstammbuch, Fahrzeugbrief)

Originale im Banksafe / Kopien z.B. in der Notfallmappe
- Versicherungspolicen (Wohngebäude, Elementarschäden, Hausrat, Haus- und Grundbesitzer-Haftpflicht, private Haftpflicht, Rechtsschutz, Kfz, Krankheit)
- Regelungen mit dem Bestattungsinstitut
- amtliche Bescheide (Grundsteuer, Müllentsorgung, Straßenreinigung, Kaminkehrer, Kfz-Steuer)
- Energielieferverträge (Gas, Fernwärme, Wasser, Strom)
- Wartungsverträge (Heizung, Feuerlöscher, Rauchmelder)
- Vorsorgevollmacht und Patientenverfügung (Kopien beglaubigt)
- Testament (Kopie beglaubigt)

Originale Mietverträge in Mieter-Ordnern / Kopien im Banksafe

Originale in der Notfallmappe
- Medikamentenplan und Impfbuch
- Vollmachten für Angehörige / Erben (Bankkonten und -safe)

Originale Kontoauszüge und Belege in Buchhaltungs-Ordnern
- Laufendes Kalenderjahr
- letzte zehn Jahre (mit Einkommensteuererklärung und -bescheid)

Wichtige Utensilien in Geldbörse oder Brieftasche / am Schlüsselbund
- Krankenversicherungs- und EC-Karte
- Personalausweis
- Fahrzeug- und Führerschein
- Schlüssel (Haus, Wohnung, Briefkasten, Postfach, Banksafe)
- Schlüssel / Fernbedienung (Kfz, Garage)
- Notrufeinrichtung (Gerät am Stromnetz, Drucktaste am Halsband)

Sicherung von Daten

Wer einen PC oder Laptop besitzt und über Programme wie Textverarbeitung, Tabellenkalkulation, Foto- und Videobearbeitung sowie Graphikdesign verfügt, kann schon etliche Aufgaben komfortabler lösen, als dies ohne Hilfsmittel überhaupt möglich wäre.

Und dennoch meiden viele Senioren und Seniorinnen immer noch den Computer. Dabei könnten sie sich viel Arbeit ersparen. Und sei es nur das Schreiben von Briefen an Firmen oder Behörden. Diejenigen, die bestimmte Hobbys pflegen oder als Privatier geschäftliche Tätigkeiten ausüben, wissen den PC oder Laptop längst zu schätzen.

Beispiele gibt es jedenfalls genug. So kann die ehrenamtlich tätige Schriftführerin oder der Schriftführer mit der Serienbrieffunktion einer Textverarbeitung – in Verbindung mit der Adressliste in einer Tabellenkalkulation – in einem Atemzug ein einmal verfasstes Einladungsschreiben für alle Vereinsmitglieder ausdrucken und auf dem Postweg verschicken – anstelle einer E-Mail-Versendung, weil nicht alle Mitglieder eine E-Mail-Adresse haben.

Oder wer gern digital fotografiert oder filmt, kann die Bilder oder Filme mit einem Foto- oder Videobearbeitungsprogramm seinen Wünschen entsprechend anpassen. Will er aus einzelnen Bildern Fotomontagen erstellen, kann er dies mit einem Graphikdesignprogramm tun.

Oder wer als Vermieter einer Immobilie jährlich die zusätzlich zur Kaltmiete anfallenden Nebenkosten umlegen muss, kann die Mietnebenkostenabrechnung mit der Tabellenkalkulation erstellen.

Natürlich setzt der Umgang mit einem Programm gewisse Kenntnisse voraus, die man aber entweder in Kursen bei der Volkshochschule erwerben oder mit Hilfe von PC-Ratgebern sich selbst beibringen kann. Das alles setzt aber einiges an Ausdauer voraus.

Das Arbeiten mit Programmen führt am Ende zur Erstellung von Dateien, die auf dem PC oder Laptop gespeichert werden müssen. Doch das allein reicht nicht. Ein Rechner kann nicht nur durch einen technischen Defekt ausfallen, sondern auch durch fahrlässigen Umgang mit Spam-Mails von Computerviren befallen werden. Und dann sind die auf der Festplatte gespeicherten Daten unwiederbringlich verloren. Also müssen alle wichtigen Dateien zusätzlich gesichert werden.

Als Speichermedien eignen sich USB-Stick, CD, DVD und externe Festplatte. Sicherungen in der Cloud finden nicht bei jedem Anklang, weil Datenmissbrauch durch die Anbieter nicht ausgeschlossen werden kann.

Ein USB-Stick kann zwar in die Geldbörse oder Hosentasche gesteckt werden, so dass die Dateien überall abrufbar sind. Aber bei extremer Hitze oder Kälte sind Beschädigungen des Mediums nicht ausgeschlossen. Außerdem gilt es als nicht sehr langlebig.

CD und DVD passen allenfalls in die Jackentasche, können somit aber auch anderswo genutzt werden. Zudem haben sie eine deutlich längere Lebensdauer.

Das am wenigsten anfällige und damit sicherste Medium ist die externe Festplatte. Hinzu kommt ihr großes Aufnahmevolumen. Auch sie kann in die Jackentasche gesteckt und überall verwendet werden.

Checkliste

Wichtige Programme
- Textverarbeitung (z.B. Word / Dateiendung *doc* oder *docx*)
- Tabellenkalkulation (z.b. Excel / Dateiendung *xls* oder *xlsx*)
- Fotobearbeitung (z.b. FastStone Image Viewer / Dateiendung *jpg*)
- Videobearbeitung (z.b. MAGIX / Dateiendung *mpg*)
- Grafikdesign (z.b. CorelDRAW / Dateiendung *cdr*)

Einstieg in ein Programm
- Kurs bei der Volkshochschule
- Selbstlernprozess mit PC-Ratgeber (Taschenbuch)
- Selbstlernprozess mit Benutzerhandbuch (Online)

Arbeiten mit einem Programm
- Anlegen und Bearbeiten einer Datei (Text, Berechnungen, Fotos, Video / Film, Grafiken)
- Speichern einer Datei

Sichern von Dateien
- USB-Stick (passt in Geldbörse oder Hosentasche, empfindlich gegen Hitze und Kälte, kurze Lebensdauer)
- CD / DVD (passt in Jackentasche, längere Lebensdauer)
- externe Festplatte (passt in Jackentasche, unempfindlich, längste Lebensdauer, großes Aufnahmevolumen)
- Cloud (Daten in fremden Händen, Datenmissbrauch durch Anbieter nicht ausgeschlossen)

Medizinische Vorsorgeuntersuchungen

Wohl in keinem anderen Bereich trifft dieser Satz so eklatant zu wie im Gesundheitswesen: Wer zu spät kommt, den bestraft das Leben. Umso unverständlicher ist die Tatsache, dass immer noch viele Menschen, vor allem Männer, auf regelmäßige Vorsorge verzichten. Dabei sind die meisten Gesundheitschecks völlig harmlos.

Welche Untersuchungen sollten nun, gerade im Alter, einmal im Jahr vom Hausarzt durchgeführt werden? Auf jeden Fall eine Kontrolle der Blutwerte. Ein kurzer Einstich in die Armbeuge genügt und schon wird das Blut abgezapft, das für die Bestimmung einer Vielzahl von Werten genutzt werden kann. Wichtige Werte sind u.a. Leukozyten und Thrombozyten, Hämoglobin, Natrium, Kalium, Kalzium und Magnesium, Vitamin B12 und D, Kreatinin (die Niere) und GOT (die Leber betreffend), Harnsäure, Triglyceride, Cholesterin, Blutzucker, Lipase (Pankreas), TSH (Schilddrüse), PSA (Prostata) und CRP (Entzündungen betreffend).

Empfehlenswert sind außerdem eine Langzeit-Blutdruckmessung, ein EKG im Ruhe- und im Belastungszustand oder alternativ ein Langzeit-EKG sowie die Abgabe einer Stuhlprobe (iFOBT).

Diese jährlichen Untersuchungen reichen i.d.R., um die meisten Erkrankungen bereits im Frühstadium erkennen und deren Veränderungen im Laufe der Zeit vergleichen zu können.

Auch andere Ärzte wie der Augen-, HNO- und Hautarzt sollten nicht erst im Verdachtsfall, sondern alle zwei bis drei Jahre, der Zahnarzt gar jährlich zur Vorsorge aufgesucht werden. Der Augenarzt wird einen Sehtest und eine Augeninnendruckmessung vornehmen. Speziell bei Senioren und Seniorinnen bietet sich zusätzlich ein AMD-Test an. Der HNO-Arzt wird außer der Ohrenschmalzentfernung einen Hör- und Schwindeltest durchführen. Und für die Kontrolle der Haut ist der Hautarzt und für die der Zähne der Zahnarzt zuständig.

Der Hausarzt ist wiederum die richtige Adresse für Impfungen. Zu empfehlen ist der Schutz gegen spinale Kinderlähmung (Polio),

Diphtherie, Wundstarrkrampf (Tetanus), Keuchhusten (Pertussis), Lungenentzündung (Pneumokokken) und Zeckenstiche (FSME), wobei die Impfungen in unterschiedlichen Zeitabständen zwischen fünf und zwanzig Jahren wiederholt werden sollten. Was die jährliche Grippe-Impfung angeht, gibt es bei Unverträglichkeiten alternativ auf homöopathischer Basis eine jährlich dreimalige Impfung zur Stärkung des Immunsystems.

Abschließend soll nochmals auf Verdachtsfälle hingewiesen werden. Sind Organe wie Gehirn, Herz, Lunge, Speiseröhre, Magen, Darm, Gallenblase, Leber, Nieren oder Bauchspeicheldrüse betroffen, sind eine Reihe anderer Fachärzte gefragt, die sich auf dem jeweiligen Gebiet spezialisiert haben. Medizintechnik für diese Untersuchungen steht heutzutage reichlich zur Verfügung. Neben der Ultraschalldiagnostik (Sonographie) kommen die Magen- und Darmspiegelung (Gastroskopie und Koloskopie) mit örtlicher Betäubung zum Einsatz. Außerdem bieten sich Untersuchungen von Kopf und Körper mit Hilfe von CT und MRT an, wo dem Patienten in einer Röhre liegend Kontrastmittel eingespritzt werden.

Checkliste

Jährliche Untersuchungen beim Hausarzt
- Kontrolle der Blutwerte (Leukozyten, Thrombozyten, Hämoglobin,
  Natrium, Kalium, Kalzium, Magnesium, Vitamine, Kreatinin/Niere,
  GOT/Leber, Harnsäure, Triglyceride, Cholesterin, Lipase/Pankreas,
  Blutzucker, TSH/Schilddrüse, PSA/Prostata, CRP/Entzündungen)
- Langzeit-Blutdruckmessung
- Ruhe- und Belastungs-EKG (alternativ Langzeit-EKG)
- Abgabe einer Stuhlprobe (iFOBT)

Empfohlene Impfungen bzw. Auffrischungen beim Hausarzt
(unterschiedliche Zyklen)
- Polio (spinale Kinderlähmung)
- Diphtherie
- Tetanus (Wundstarrkrampf)
- Pertussis (Keuchhusten)
- Pneumokokken (Lungenentzündung)
- FSME (Zeckenstiche)
- Influenza (Grippe)
- Corona

Regelmäßige Untersuchungen bei Fachärzten
- Augenarzt (Augeninnendruckmessung, Seh- und AMD-Test)
- HNO-Arzt (Ohrenschmalzentfernung, Hör- und Schwindeltest)
- Hautarzt (Hautkontrolle)
- Zahnarzt (Zahnkontrolle, Zahnsteinentfernung, Zahnreinigung)

Spezielle Untersuchungen nur bei Verdachtsfällen
- Sonographie (Ultraschalldiagnostik / Leber, Nieren, Gallenblase,
  Bauchspeicheldrüse, Bauchaorta)
- Gastroskopie (Magenspiegelung mit örtlicher Betäubung)
- Koloskopie (Darmspiegelung mit örtlicher Betäubung)
- CT/MRT (Kopf / Körper in einer Röhre liegend mit
  Kontrastmitteleinspritzung)

Körperliche Fitness

Gerade im Alter macht sich körperliche Fitness bezahlt. Wer sich nicht bewegt, sondern nur die Wohnung verlässt, um den Aufzug nach unten zu benutzen, in die Garage zu gehen, sich ins Auto zu setzen und von A nach B zu fahren, tut alles, um von Jahr zu Jahr körperlich abzubauen und irgendwann ein Pflegefall zu werden.

Wer sich sportlich schon immer viel bewegt hat, ist natürlich im Vorteil. Diese Senioren oder Seniorinnen kommen nicht so schnell aus der Puste und sind weniger sturzgefährdet. Nur wer es mit dem Sport übertrieben oder gar Risikosportarten gefrönt hat, könnte am Ende zu den Geschädigten gehören. Beispiele gibt es einige. Beim Klettern in einer Felswand ist ein Absturz zwar meist tödlich, kann aber ebenso mit einer Querschnittslähmung enden. Oder beim Radrennen mit hohem Tempo einen Berg hinunter zu rasen und plötzlich einem Hindernis ausweichen zu müssen, kann einen Genickbruch oder gleichfalls eine Lähmung zur Folge haben. In solchen Fällen bewahrheitet sich dann der Spruch *Sport ist Mord.*

Übrigens spielt auch die Art und Weise der Ernährung und die Einstellung zum Leben eine wichtige Rolle für das Altwerden. Man muss kein Vegetarier und schon gar kein Veganer sein, um gesund zu leben. Ganz im Gegenteil. Eine ausgewogene Ernährung reicht. Wenn nicht ständig zu viel und zu fett gegessen, auf Fertiggerichte generell verzichtet und Alkohol wie Bier und Wein in Maßen genossen wird, steht der Gesundheit bis ins Alter hinein nichts mehr im Wege – von der Lebensqualität mal ganz zu schweigen. Denn auf alles zu verzichten, ist nicht der Sinn des Lebens und garantiert auch keine Lebensverlängerung. Wie sagt der Bayer so schön: *Saufst, stirbst. Saufst ned, stirbst a.*

Welche körperlichen Aktivitäten sind nun für Senioren und Seniorinnen empfehlenswert? Da gibt es einige. Vor allem sollte jede Gelegenheit genutzt werden, das Auto stehen zu lassen und stattdessen zu Fuß zu gehen. Zum nahen Einkaufscenter wird das Auto ohnehin nicht benötigt. Und ansonsten gibt es genug Möglichkeiten, sich auf Schusters Rappen zu begeben. Wichtig ist zügiges Gehen anstelle eines Spaziergangs. Das ist oft besser, als auf asphaltierten Wegen zu joggen. Ferner sollte auf einen vorhandenen Aufzug verzichtet und stattdessen die Treppe benutzt werden. Regelmäßiges Treppensteigen sorgt in besonderem Maße für eine gute Kondition. Wer schwimmen kann, geht am besten in ein öffentliches Hallen- oder Freibad. Und wer lieber aufs Fahrrad steigt, sollte dies nur bei stabilem Gleichgewicht, mit Kopfschutz, möglichst ohne Antriebshilfe und auf ausgewiesenen Radwegen machen. Der Vorteil ist, dass all diese Aktivitäten im Alleingang ausgeübt werden können.

Wer sich lieber in Gesellschaft sportlich betätigen möchte, kann dies zum einen in Einrichtungen des Sozialträgers tun, indem er bzw. sie das Tanzbein schwingt oder am Tischtennisspiel teilnimmt. Auch Gymnastik für Seniorinnen bzw. Krafttraining für Senioren wird oft angeboten. Zum anderen gibt es Möglichkeiten, sich in Einrichtungen außerhalb des Wohnparks umzuschauen. So wäre zum Beispiel der Kegel- oder Bowlingsport zu empfehlen, vorausgesetzt, dass sich in der Nähe eine Kegel- oder Bowlingbahn befindet.

Checkliste

Altersgerechte sportliche Betätigung im Alleingang
- zu Fuß gehen, statt mit dem Auto zu fahren (zügiges Gehen anstelle eines Spaziergangs, Joggen macht nur auf nicht asphaltierten Wegen in freier Natur Sinn)
- Treppen steigen, statt den Fahrstuhl zu benutzen
- Schwimmen gehen (in öffentlichem Hallen- oder Freibad)
- Rad fahren (nur bei stabilem Gleichgewichtssinn, mit vorhandenem Kopfschutz, auf ausgewiesenen Radwegen, möglichst ohne Antriebshilfe)

Altersgerechte sportliche Betätigung in Gesellschaft
- sportliche Angebote des Sozialträgers wie z.B. Tanzen, Tischtennis, Gymnastik, Krafttraining (ggf. auch in einem in der Nähe liegenden Fitnessstudio)
- externe Angebote wie Kegel- oder Bowlingsport (falls sich Kegel- oder Bowlingbahn in der Nähe befindet)

Geistige Fitness

Zunächst mal ist die körperliche Bewegung besonders wichtig, weil sie den Grundstein für die Gesundheit und damit für die geistige Aufnahmefähigkeit legt. Das wiederum hat zur Folge, dass diese Senioren und Seniorinnen mit großer Wahrscheinlichkeit eher vor einem Pflegefall bewahrt werden als andere Altersgenossen. Ausschließen lässt sich natürlich nichts im Leben, vor allem dann nicht, wenn jemand nicht gerade mit guten Genen ausgestattet ist. Tatsache aber ist, dass sportliche Betätigung die Durchblutung des Gehirns fördert und damit vor Altersdemenz schützen kann.

Die Bewegung allein nützt allerdings nichts, wenn das Gehirn nicht ständig gefordert wird. Man muss also schon etwas tun, um geistig fit zu bleiben. Das ist wie bei einem Musiker, der nur dann sein Instrument dauerhaft beherrscht, wenn er ständig übt. Stundenlanges Fernsehen taugt dafür jedoch nicht. Wissenschaftliche Tätigkeiten sind damit aber auch nicht gemeint.

Was also ist darunter zu verstehen, wenn von geistigem Training die Rede ist? Antwort:

einfach alles, was zum Nachdenken anregt und nicht in Monotonie ausartet. Dazu gehört die Sammelleidenschaft ebenso wie das Tüfteln am Computer, die aktive Hobbypflege ebenso wie die passive, das Engagement in einem Ehrenamt ebenso wie die persönliche Weiterbildung und nicht zuletzt das Gehirnjogging.

Sammeln kann man alles Mögliche, wobei man in einer altersgerechten Wohnung den dafür benötigten Platzbedarf berücksichtigen sollte. Kein Problem gibt es beim Sammeln von Briefmarken, Münzen oder Medaillen, auch nicht von Witzen, Zitaten oder Rezepten. Vom Platzangebot her schwieriger gestaltet sich das Sammeln von Autos, Flugzeugen oder Schiffen in Miniaturausgaben, auch von alter Bürotechnik wie Schreib- und Rechenmaschine, Paginierstempel und Zirkelkasten.

Der Umgang mit dem Computer hingegen gehört für viele Senioren und Seniorinnen längst zum Alltag. Die einen schreiben Briefe oder E-Mails, andere bearbeiten ihre Fotos oder Filme. Wer tiefer in die Materie einsteigen möchte, beschäftigt sich nur etwas intensiver mit dem einen oder anderen PC-Programm wie Word oder Excel. Mit Letzterem lassen sich relativ einfach kleinere Anwendungen für den Privatbereich entwickeln – zum Beispiel ein Liquiditätsplan zur Überwachung der eigenen Einnahmen und Ausgaben. Dazu muss man kein IT-Spezialist sein, sondern muss lediglich mit den Grundrechenarten Addition, Subtraktion, Multiplikation und Division umgehen können.

Was auf jeden Fall gepflegt werden sollte, sind die eigenen Hobbys – aktive ebenso wie passive. Aktiv heißt, selbst etwas Kreatives zustande zu bringen. Das kann Handarbeit oder Basteln, Fotografieren oder Filmen, Malen bzw. Zeichnen oder Modellieren, Musizieren oder Schreiben sein. Wer meint, weniger mit Talenten gesegnet zu sein, wird zumindest passiven Hobbys nachgehen. Entweder er bzw. sie liest gern Bücher oder hört Musik. Oder er bzw. sie geht lieber ins Theater, ins Konzert oder ins Kino. Worauf die meisten Senioren und Seniorinnen wohl nicht verzichten werden, sind In- und Auslandsreisen. Was durchaus zu begrüßen ist, wenn auf die Umwelt Rücksicht genommen wird. Denn eine Aussage trifft zu: *Reisen bildet.*

Damit sind die Möglichkeiten für Senioren und Seniorinnen noch längst nicht erschöpft. Die einen können sich weiterbilden, indem sie Kurse an der Volkshochschule belegen. Sie haben die Wahl zwischen Themen, die eher die Neugier befriedigen, wie Astronomie, Archäologie oder Philosophie. Sie können aber auch eine Fremdsprache oder das Spielen eines Instruments erlernen, um sich bei Reisen ins Ausland besser verständigen oder im Orchester eines Musikvereins mitspielen zu können.

Die anderen engagieren sich lieber in einem Ehrenamt. Ob in einer Partei, bei einem Sozialträger, in der Kirche, im Kulturbereich oder im Sport – überall werden Freiwillige gesucht, die ihren Beitrag für die Gesellschaft leisten möchten.

Nicht zuletzt sollte Gehirnjogging ganz allgemein betrieben werden. Rätsel wie Sudoku lösen, auf logische oder visuelle Fehlersuche gehen sowie Schach spielen bzw. das Schachspiel erlernen sind besonders geeignete Übungen, um geistig fit zu bleiben.

Checkliste

Sammlungen (Platzbedarf berücksichtigen!)
- Briefmarken, Münzen, Medaillen, Bierdeckel usw.
- Antiquitäten wie z.b. alte Bürotechnik (Schreibmaschine, Abakus, Rechenschieber und -maschine, Paginierstempel usw.)
- Miniaturen (Autos, Flugzeuge, Schiffe)
- Figuren (Puppen, Zinn- oder Hummelfiguren)
- biologische Exemplare (Schmetterlinge, Blätter)
- Texte (Witze, Zitate, Rezepte)

Computerarbeit
- mit Programmen arbeiten
- Anwendungen entwickeln

Aktive Hobbypflege
- Handarbeit (Stricken, Häkeln)
- Basteln (z.b. berühmte Bauwerke im Kleinformat)
- Fotografieren oder Filmen
- Musizieren (z.b. Klavier spielen)
- Malen bzw. Zeichnen
- Modellieren (Töpfern, Schnitzen)
- Schreiben (z.b. Familiengeschichte)

Passive Hobbypflege
- Bücher lesen (Print-Version oder E-Book)
- Musik hören (Schallplatten oder digital)
- Theater-, Konzert-, Kinobesuche
- In- und Auslandsreisen (bevorzugt mit dem Bus oder der Bahn)

Engagement in einem Ehrenamt

Weiterbildung
- spezielle Kurse (Astronomie, Archäologie, Philosophie)
- Fremdsprachen-Kurse (z.b. Französisch)
- Musikinstrumenten-Kurse (z.b. Gitarre)

Gehirnjogging
- Rätsel lösen (Sudoku, Kreuzworträtsel)
- auf Fehlersuche gehen (logisch, visuell)
- Schach spielen bzw. das Schachspiel erlernen

Wachsamkeit vor Betrügern

Senioren und Seniorinnen sind ein bevorzugtes Pflaster für Ganoven. Möglichkeiten, alte Leute zu betrügen, gibt es genug. Bekannt ist zum Beispiel der Enkel-Trick. Der Anrufer ruft angeblich im Auftrag des Enkels bzw. der Enkelin an und schildert dessen bzw. deren Notsituation. Es geht natürlich immer nur um Geld, das der Betreffende in Empfang nehmen möchte. Entweder ist das Auto des Enkels bzw. der Enkelin beschädigt worden und er bzw. sie braucht unbedingt eine höhere Summe, um den Schaden bezahlen zu können. Der Verursacher ist natürlich nicht mehr feststellbar, weil er sich einfach aus dem Staub gemacht hat. Oder der Computer, der dringend für die Arbeit benötigt wird, ist gestohlen worden. Er bzw. sie hat aber kein Geld, um sich einen neuen kaufen zu können. Oder jemand ist in die Wohnung eingebrochen und hat das ganze Bargeld mitgenommen. Die Bitte um Geld wird dann oft noch dahingehend verharmlost, dass die Summe natürlich zurückgezahlt wird. Wer solche Anrufe erhält, sollte mit dem Enkel bzw. der Enkelin, wenn es ihn bzw. sie denn gibt, persönlich telefonieren, um sich von der angeblichen Notlage zu vergewissern. Die beste Lösung wäre, gleich den Hörer aufzulegen, die Telefonnummer zu notieren und die Polizei zu verständigen. Nur so kann solchen Typen das Handwerk gelegt werden. Wer den Mut hat, den Abholer des Geldes im Beisein der Polizei zu empfangen, verdient ein besonderes Lob.

Auch beim Abheben des Geldes am Bankautomaten stehen Ganoven oft bereit und beobachten den Senior oder die Seniorin bei der Eingabe der PIN-Nummer. Die ganz Dreisten bieten sogar ihre Hilfe an, in der Hoffnung, die geheime Nummer zu erfahren und selbst eingeben zu dürfen, um nach der Ausgabe des Geldes mit diesem spurlos zu verschwinden.

Ein weiterer Trick besteht darin, an der Wohnungstür zu klingeln und sich als Mitarbeiter eines Energieversorgers auszugeben, der nur mal etwas am Gas-, Strom- oder Wasserzähler prüfen muss. Während sich dieser an den Geräten zu schaffen macht, schleicht sich ein anderer in die Wohnung und sucht nach Wertgegenständen, die er, wenn er denn welche findet, auch mitnimmt.

Jedem Senior bzw. jeder Seniorin kann man nur raten, wachsam zu bleiben. Geld sollte grundsätzlich keinem Fremden ausgehändigt werden. Und einfach jemanden in die Wohnung zu lassen, ohne bei dem betreffenden Unternehmen nachzufragen, sollte ebenfalls tabu sein. Wie heißt es so schön: Vertrauen ist gut, Kontrolle ist besser.

Checkliste

Telefonbetrug
- Enkel-Trick (nach telefonischer Ankündigung erfolgt Abholung des Geldes wegen einer angeblichen Notlage des Enkels / der Enkelin)
- Diebstahl-Warnung (nach telefonischer Ankündigung nimmt falscher Polizist Geld und Wertgegenstände zur Sicherheit in Verwahrung)

Betrug mittels Anklicken eines Links in einer E-Mail
- Gewinn-Versprechen (Gewinn wird nur nach Klick auf einen Link ausgezahlt)
- Warnung (nur nach Klick auf einen Link kann Sperrung des E-Mail-Postfachs verhindert werden)

Betrug bei Verwendung von Bankkarten
- Ausspähen der PIN-Nummer während der Geldabhebung an einem Bankautomaten

Diebstahl durch Besucher
- Dieb verschafft sich als Mitarbeiter eines Energieversorgers oder Handwerksbetriebes Zutritt in die Wohnung (ggf. mit Komplize)
- Dieb täuscht einen Notfall vor und bittet um ein Glas Wasser (während die helfende Person das Glas Wasser holt, bedient sich der Dieb)

Tricks beim Betteln
- Mitleidstour (Bettler mit Kleinkind oder Hund bittet um Geld)
- Ablenkungsmanöver (Passant täuscht einen Notfall vor, während ein Komplize – meist ein Kind – Taschendiebstahl begeht)

Regeln zum richtigen Verhalten gegenüber Betrügern
- bei zu erwartendem Telefonbetrug Hörer auflegen, Telefonnummer notieren und Polizei informieren
- bei absehbarem Computerbetrug keinen Link in bzw. Anhang zu einer verdächtigen E-Mail anklicken
- bei der Geldabhebung an einem Bankautomaten die PIN-Nummer verdeckt eingeben
- keine fremden Leute in die Wohnung lassen, ohne sich bei dem betreffenden Unternehmen vergewissert zu haben
- Vorsicht mit allzu großem Mitleid (vor allem in dichtem Gedränge)

Umweltbewusste Lebensführung

Nicht nur die jungen Leute sind verpflichtet, etwas für die Umwelt und damit für den Klimawandel zu tun. Wobei Demonstrationen wie Fridays for future allein nichts nutzen, wenn die Forderungen nach einem Wandel nicht auch von ihnen in Taten umgesetzt werden. Schließlich geht es ja um ihre Zukunft. Doch auch die Älteren in unserer Gesellschaft werden umdenken und sich vom grenzenlosen Streben nach Wohlstand verabschieden müssen, wenn sie nicht nach der Devise *Nach mir die Sintflut* handeln wollen.

Ihre Vorgänger, die Nachkriegsgeneration, waren in einer Mangelwirtschaft groß geworden und trugen allein schon deswegen mehr zum Schutz der Umwelt bei, als dies bei den Älteren von heute der Fall ist. Damals wurde die frische Milch in einer Kanne geholt. Knappes Obst wie Äpfel wurde nicht nach Schönheit und Unversehrtheit ausgesucht. Und man war froh, wenn man in ein Stück trockenes Brot beißen konnte. Plastikverpackungen gab es nicht. Und herangeschafft wurde alles zu Fuß. Die Vierziger Jahrgänge werden sich noch gut, wenn auch ungern, an diese Zeit erinnern. Heutzutage leben wir nicht nur in einer Wohlstands-, sondern in einer Überfluss- und Wegwerfgesellschaft, die unseren Planeten eher früher als später ruinieren wird.

Was also können auch die Älteren tun, um eine Kehrtwende einzuleiten. Zunächst mal sollte die regionale Wirtschaft unterstützt werden. Dazu zählen Einkäufe auf Wochenmärkten und in lokalen Geschäften wie Metzgerei und Bäckerei. Nicht nur bei den Discountern. Und schon gar nicht im Internet, was ganz nebenbei zu einer Reduzierung der Pakettransporte beitragen würde. Die in einem Wohnpark lebenden Senioren und Seniorinnen werden Letzteres ohnehin nur in Ausnahmefällen tun. Auf den Discounter hingegen, der i.d.R. die Nahversorgung sicherstellt, wird dieser Personenkreis nicht verzichten können, solange es vor allem kaum noch Metzgereien und Bäckereien gibt und der Wochenmarkt nur mit Pkw oder Bus erreichbar ist.

Die zunehmenden Müllberge könnten immerhin reduziert werden, wenn alle zumindest weitgehend auf Kunststoffverpackungen verzichten würden. Aber auch das funktioniert nur auf dem Wochenmarkt, wo alles in Papiertüten gepackt wird und diese dann in mitgebrachten Körben verstaut werden. Zwar findet bei den Discountern allmählich ein Umdenken statt – zumindest bei Obst und Gemüse sowie an der Fleisch- und Käsetheke. Aber die restliche Ware steckt nach wie vor in Plastik, wobei allerdings deutlich weniger Artikel in den Regalen stehen müssten. Niemand erwartet ein Angebot von fünfzig Sorten Duschcreme oder Zahnpasta. Ähnliches gilt auch für das Wegwerfen von Lebensmitteln, nur weil sie nicht mehr wie vom Künstler gemalt aussehen, in viel zu großer Menge beschafft worden sind oder das Haltbarkeitsdatum geringfügig überschritten ist. Wenn schon eine Entsorgung erfolgt, sollte die genießbare Ware wenigstens an Bedürftige abgegeben und dies nicht mit juristischen Spitzfindigkeiten verhindert werden.

Die Verkehrssituation könnte ebenfalls entschärft werden, wenn das Auto öfter stehenbliebe. Was die Bewohner des Wohnparks betrifft, können diese – zumindest was die Nahversorgung angeht – auf das Auto verzichten.

Und wenn die eine oder andere Besorgung in der Stadt ansteht, befindet sich eine Haltestelle des öffentlichen Nahverkehrs in Reichweite. Was diesen Teil der Gesellschaft in einer Großstadt angeht, wäre das Auto zwar angesichts des gut ausgebauten und mit Minutentakt ausgestatteten Bahn- und Busnetzes ohnehin weitgehend überflüssig. Dennoch wird der öffentliche Nahverkehr infolge der Bequemlichkeit viel zu wenig genutzt. Dies ist umso unverständlicher, wenn man bedenkt, wie viel Zeit die Leute im Stau verbringen. Und aufs Fahrrad umzusteigen ist auch nicht die Ideallösung, zumal gut ausgebaute Radwege in den meisten Städten Mangelware sind. Hinzu kommt, dass bei Senioren und Seniorinnen Gleichgewicht und Reaktionsvermögen nicht mehr optimal funktionieren, weshalb sie im dichten Stadtverkehr lieber die Finger vom Radeln lassen sollten.

Checkliste

Unterstützung der regionalen Wirtschaft
- Einkäufe möglichst in örtlichen Läden und auf Wochenmärkten
- auf importiertes Obst und Gemüse zur Unzeit verzichten
  (z.b. Spargel nur von April bis Juni aus heimischer Ernte kaufen)
- im Internet nur in Ausnahmefällen bestellen (z.b. vor Ort nicht
  lieferbares Ersatzteil oder nicht verfügbare Konfektionsgröße /
  sorgt zugleich für weniger Pakettransporte im Straßenverkehr)

Reduzierung der Müllberge
- möglichst auf Kunststoff-Verpackungen verzichten (z.b. Obst und
  Gemüse auf dem Wochenmarkt kaufen, wo der Händler die Ware
  aussucht, wiegt und in Papiertüten packt)
- beim Einkauf auf die benötigten Mengen achten (altersgerechte
  Wohnung mit Nahversorgung bietet Gelegenheit zu häufigerem
  Einkauf kleinerer Mengen / reduziert zugleich das Abfallvolumen)

Entspannung der Verkehrssituation
- im Nahverkehr öffentliche Verkehrsmittel wie Bus, Straßenbahn oder
  U-Bahn benutzen (altersgerechte Wohnung befindet sich in der Nähe
  einer Haltestelle)
- im Fernverkehr die Bahn nehmen, statt mit Pkw im Stau zu stehen
  (speziell für Ältere eine nerven- und umweltschonende Alternative)

Änderung der Reisegewohnheiten
- auf Billig- bzw. Charterflüge verzichten (wer sein Traumziel noch
  nicht besucht hat oder fliegen muss, weil im fernen Ausland
  lebende Kinder oder Enkel nur auf dem Luftweg zu erreichen sind,
  sollte einen Linienflug buchen)
- Kreuzfahrten auf Flüssen oder Meeren generell meiden (nicht nur
  wegen der Verschmutzung des Wassers und der Gefährdung der
  Tierwelt, sondern auch aus Rücksichtnahme auf die Bewohner der
  Hafenstädte, die wegen der Passagierversorgung an Bord nichts
  an den Menschenmassen verdienen, stattdessen aber mit Müllbergen
  konfrontiert werden)
- Deutschland und die Länder Europas mit dem Reisebus erkunden
  (ein Bus ersetzt mindestens zehn bis fünfzehn Pkw, die Reisenden
  lernen Land und Leute viel intensiver kennen und die Bewohner
  profitieren von den ausgabefreudigen Hotelgästen)

Teil III

Anhang mit nützlichen Hinweisen

Glossar

Absichtserklärung

Hierbei handelt es sich um das schriftliche Einverständnis eines Erben gegenüber einem Darlehensgeber, mit Bezug auf ein vorhandenes notarielles Testament eine finanzierte Immobilie nach dem Ableben des Erblassers zu übernehmen. Der Erbe kann Alleinerbe eines Erblassers oder Nacherbe eines Vorerben sein. Der Erbe ist zugleich berechtigt, im Fall der Erbschaft die erforderlichen Informationen vom Darlehensgeber einzuholen. Der Absichtserklärung ist zwecks Legitimation eine Kopie des Personalausweises beizufügen. Das Dokument ist mit vollständigem Namen, Geburtsdatum und -ort, kompletter Wohnanschrift sowie Erstellungsdatum und -ort zu versehen und handschriftlich zu unterzeichnen.

Auflassungsvormerkung

Die Eintragung einer Vormerkung erfolgt in Abteilung II des Grundbuchs und dient der

Sicherung eines Anspruchs – z.B. auf ein bebautes Grundstück. Sobald die Übereignung dieses Grundstücks im Grundbuch vollzogen ist, wird die Vormerkung wieder gelöscht.

Baufortschrittsrate

Bei den Raten handelt es sich um Teilbeträge, die dem tatsächlichen Bauablauf einer zu errichtenden Immobilie entsprechen. Das heißt, die Abschlagszahlungen müssen dem Wert des jeweils erreichten Fertigstellungszustands entsprechen. Die Zahlungen erfolgen zunächst aus dem Eigenkapital des Käufers, ehe das Immobiliendarlehen in Anspruch genommen wird. Der Darlehensgeber nimmt nach Auszahlung einer Baufortschrittsrate eine Neuberechnung der Darlehenszinsen für die bis dahin abgerufene Darlehenssumme vor. Erst nach Auszahlung des gesamten Darlehensbetrags setzt die Gesamtfinanzierung mit einer aus Zins und Tilgung bestehenden Monatsrate ein.

Bestattungsverfügung

Dieses Dokument ist die Willenserklärung eines lebenden Menschen, wie nach dem Tod mit seiner Leiche umgegangen werden soll. Zum Inhalt gehören neben Name, Anschrift, Geburtsdatum, Bestattungsart und -ort noch die Unterschrift mit Erstellungsdatum und -ort, ferner Angaben zu Umfang und Ablauf der Bestattung sowie Hinweise auf andere Dokumente wie Testament und Familienstammbuch.

Bezugsurkunde

Die notarielle Urkunde legt fest, mit welchem Energielieferanten die Versorgung der Eigentümergemeinschaft mit Energie wie Gas oder Fernwärme bzw. Strom und Wasser vertraglich vereinbart wurde. Neben den Energiearten wird zugleich die Dauer der Belieferung festgeschrieben.

Eigentumsumschreibung

Bei der Umschreibung eines im Grundbuch eingetragenen unbebauten bzw. bebauten Grundstücks oder einer Eigentumswohnung handelt es sich um eine Eigentumsübertragung vom Vorbesitzer eines bereits vorhandenen Eigentums oder dem Bauträger eines Neubaus auf einen neuen Eigentümer – z.B. auf einen Senior und/oder eine Seniorin.

Energieausweis

Das Dokument beinhaltet Daten zur Energieeffizienz und den zu erwartenden Energiekosten einer Immobilie. Es ermöglicht Miet- oder Kaufinteressenten einen Immobilienvergleich. Die Ausstellung des Ausweises erfolgt neuerdings nach dem Gebäudeenergiegesetz. Enthalten muss der Ausweis außerdem die CO_2-Emissionen und einen detaillierten Stand der Sanierung. Zur Ausstellung berechtigt sind u.a. Energiedienstleister für die Immobilienwirtschaft und private Wohnungseigentümer.

Erbschein

Hierbei handelt es sich um ein Dokument, das den Nachlass eines Erblassers regelt, indem es den Erben bzw. die Erbin oder die Anteile der Miterben einer Erbengemeinschaft benennt. Ein Erbschein wird nicht benötigt, wenn der Erblasser ein handschriftlich verfasstes oder notarielles Testament hinterlassen hat.

Grundschuldbestellung

Ein Darlehensgeber verlangt als Sicherheit i.d.R. die Zustimmung des Darlehensnehmers zur Belastung seines Grundstücks mit einer Grundschuld. Die Beurkundung der Grundschuldbestellung erfolgt durch einen Notar.

Grundsteuerbescheid

Das Dokument beinhaltet die Mitteilung über die auf das Eigentum zu zahlende Grundsteuer, deren Berechnungsgrundlage der Einheitswert ist. Sie ist beim Verkauf einer Immobilie bis zum Ablauf eines Kalenderjahres vom Verkäufer zu entrichten. Da das Bundesverfassungsgericht die Ermittlung der Einheitswerte für verfassungswidrig erklärt hat, wurde eine Neuregelung vorgenommen, deren Ausgestaltung je nach Bundesland unterschiedlich gehandhabt wird.

Immobilien-Kaufvertrag

Im vorliegenden Fall geht es um den Kauf einer im Bau befindlichen Eigentumswohnung in einem Wohnpark für Senioren und Seniorinnen, die bei Bedarf Pflege in den eigenen vier Wänden in Anspruch nehmen können. Die Beurkundung des Kaufs erfolgt durch einen Notar. Zum Beispiel setzt sich der Inhalt dieser Urkunde aus folgenden Abschnitten zusammen: Anwesenheitsliste; Vorbemerkung, Grundbuch- und Sachstand; Kauf; Auflassungsvormerkung; Bauverpflichtung; Kaufpreis; Preisanpassungsklausel; Kaufpreisfälligkeit; Abnahme, Besitzübergang; Auflassung, Verfügungsbeschränkung; Erschließungskosten; Haftung; Energieausweis; Eintritt in die Eigentümergemeinschaft; Rücktrittsrecht; Abwicklung, Vollmachten; Vertragsinhalt, Salvatorische Klausel; Schlussbestimmungen.

Mietnebenkosten

Ebenfalls im vorliegenden Fall müssen für jede Eigentumswohnung monatliche Vorauszahlungen für die anteiligen Mietnebenkosten an den Verwalter geleistet werden. Hierzu gehören: Straßenreinigung und Müllentsorgung; Verbundene Wohngebäudeversicherung inkl. Elementarversicherung sowie Haus- und Grundbesitzer-Haftpflicht-versicherung; Wartung von Aufzug, Feuerlöschern und Rauchmeldern; Fernwärme-, Strom- und Wasserverbrauch; Reinigung und Gartenpflege. In der jährlich für das zurückliegende Jahr erstellten Mietnebenkostenabrechnung werden pro Eigentumswohnung die anteiligen Mietnebenkosten den Vorauszahlungen gegenübergestellt. Bei einem Differenzbetrag kann es sich entweder um eine Gutschrift oder eine Nachzahlung an den Verwalter handeln.

Patientenverfügung

Das Dokument enthält die Willenserklärung eines Patienten gegenüber Ärzten und Pflegekräften, in speziell beschriebenen Fällen auf lebenserhaltende Maßnahmen zu verzichten. Erforderlich sind eine konkrete Aufzählung der Situationen (z.B. bei schwerer dauerhafter Gehirnschädigung, im Endstadium einer tödlich verlaufenden unheilbaren Krankheit, im Falle von fortgeschrittener geistiger Verwirrtheit) sowie der Verfügungen (z.B. Verständigung des Hausarztes, keine Verlegung ins Krankenhaus, keine künstliche Beatmung). Das Dokument ist mit Name, Anschrift, Geburtsdatum und -ort sowie Erstellungsdatum und -ort zu versehen und handschriftlich zu unterzeichnen. Außerdem sollte der Hausarzt die persönliche Verfügung seines Patienten gegenzeichnen.

Privat-Haftpflicht

Die Versicherung muss angepasst werden, wenn z.B. für den Heizöltank eines inzwischen verkauften Einfamilienhauses eine Gewässerschaden-Haftpflichtversicherung abgeschlossen wurde, die künftig in der neu erworbenen Wohnung entfällt.

Sterbeurkunde

Die Urkunde wird von dem Standesamt ausgestellt, bei dem die verstorbene Person im Sterberegister geführt wird. Beim Nachlassgericht wird sie für die Beantragung eines Erbscheins benötigt, falls dies erforderlich ist. Außerdem ist sie zur Vorlage bei der Renten- und Krankenversicherung zwecks Abmeldung notwendig. Aufgenommen werden alle Vornamen und der Familienname, Ort und Tag der Geburt, Religionszugehörigkeit, letzter Wohnsitz, Familienstand, der Name des letzten noch lebenden Ehegatten oder Lebenspartners sowie Sterbeort und -zeit.

Teilungserklärung

Notarielle Urkunde, in der der Grundstückseigentümer gegenüber dem Grundbuchamt darlegt, dass das Eigentum an besagtem Grundstück in Miteigentumsanteile aufgeteilt wird.

Testament

Das Dokument regelt den nach dem Tod des Erblassers eingetretenen Erbfall. Man unterscheidet zwischen dem eigenhändigen und dem öffentlichen Testament. Ersteres ist nur in Original-Handschrift des Erblassers gültig, während Letzteres von einem Notar verfasst sein muss. Besondere Formvorschriften gibt es nicht. Wichtig ist, dass der letzte Wille des Erblassers klar und deutlich zu erkennen ist. Hat dieser kein Testament hinterlassen, tritt die gesetzliche Erbfolge in Kraft.

Totenschein

Hierbei handelt es sich um ein Dokument, in dem ein Arzt nach der Leichenschau den Tod der betroffenen Person bescheinigt. Im nicht vertraulichen Teil ist neben den persönlichen Daten zu Geburt und Tod u.a. die Todesart aufgeführt – natürlich, nicht natürlich oder ungeklärt. Der vertrauliche Teil enthält nähere Angaben zur sicheren Erkennung des Todes und zur Todesursache der aufgeführten Todesart.

Vollmachten

Der Inhaber eines Bankkontos – Giro- und/oder Sparkonto – erteilt Dritten, i.d.R. nahen Angehörigen bzw. Erben, für den Not- bzw. Todesfall eine schriftliche Vollmacht zur Verfügung über das Guthaben. Falls er auch einen Banksafe gemietet hat, ist eine separate schriftliche Vollmacht erforderlich.

Vorkaufsrecht

Für den Fall, dass einem Kaufinteressenten eine Immobilie gefällt, er aber keinen Vorvertrag unterzeichnen kann, weil die Finanzierung noch geklärt werden muss, hat dieser die Möglichkeit, das Objekt zu reservieren. Verlaufen die Finanzierungsverhandlungen ergebnislos, kann er die Reservierung rückgängig machen.

Vormerkung

Hierbei handelt es sich um eine mündliche Interessenbekundung. Das heißt, der Kaufinteressent einer Immobilie deutet dem Verkäufer bzw. Makler seine Kaufabsicht an, bittet aber noch um einige Tage Bedenkzeit. Meldet sich in der Zwischenzeit ein Interessent, der sofort zum Kauf entschlossen ist, wird der Verkäufer bzw. Makler i.d.R. Nägel mit Köpfen machen, ehe er Gefahr läuft, Letzteren zu verlieren. Ersterer hat dann eben Pech gehabt.

Vorsorgevollmacht

In diesem Dokument legt der Unterzeichner die bevollmächtigten Personen für den Fall fest, dass er vorübergehend oder dauerhaft keine eigenen Entscheidungen mehr treffen kann. Die Vollmacht sollte sowohl vom Aussteller des Dokuments als auch von seinem Hausarzt unterzeichnet werden. Sie unterliegt keiner besonderen Schriftform, muss aber die Willensbekundung klar und deutlich zum Ausdruck bringen.

Vorvertrag

Nach endgültiger Entscheidung zum Kauf einer Immobilie wird mit dem Verkäufer bzw. Makler ein bindender Vorvertrag abgeschlossen, der später durch den vom Notar beurkundeten Kaufvertrag abgelöst wird.

Wohngebäudeversicherung

Die Versicherung umfasst den Schutz einer Immobilie gegen Schäden durch Feuer, Leitungswasser, Sturm und Hagel. Sie wird bei einer Eigentumswohnung von der Eigentümergemeinschaft abgeschlossen und auf die einzelnen Wohnungsinhaber bzw. deren Mieter umgelegt. Ähnliches gilt für Mehrfamilienhäuser. Bei einem Einfamilienhaus hingegen trägt der Hauseigentümer die für das laufende Jahr anfallenden Kosten, die er beim Verkauf der Immobilie nur nach Einigung mit dem Käufer anteilig von diesem verlangen kann.

Berechnungshilfen

Einkommensteuererklärung

www.bmf-steuerrechner.de

Zuerst *Berechnungen und Informationen zur Einkommensteuer*,
dann *Berechnung der Einkommensteuer* anklicken.

Anschließend wie folgt verfahren:

- Eingabe des *zu versteuernden Einkommens*
- Auswahl der *persönlichen Verhältnisse (verheiratet/verpartnert* oder
  alleinstehend)
- Auswahl des *Berechnungsjahres*

Es folgt die Anzeige der *Einkommensteuerberechnung*.

Hinweis:
Wenn Abzugsmöglichkeiten bestehen, muss der Betrag des *zu
versteuernden Einkommens* geändert und die Berechnung neu gestartet werden.

Immobiliendarlehen

immobilienscout24.de/baufinanzierung/ finanzierungsrechner

Zuerst Auswahl der Finanzierungsart *Kauf*, dann Eingabe von *Ort*
oder *Postleitzahl* und *Kaufpreis* der Immobilie.

Angezeigt werden die *Kaufnebenkosten.*

Unter *Details* werden aufgeführt:

- *Grunderwerbsteuer* (nach Bundesland)
- *Notarkosten*
- *Grundbucheintrag*
- *Maklerprovision* (nach Bundesland)

Eingabe des *Eigenkapitals* (mindestens 10 %, Details können über den *Eigenkapitalrechner* erfasst werden).

Angezeigt wird das *Nettodarlehen. Tilgungsrate* und *Sollzinsbindung* können gewählt werden.

Literaturhinweise

Mayer-Kuckuk, Finn, *Immobilienfinanzierung. Das Set*, Stiftung Warentest, 2021

Wurzel, Raimund, *Privat Immobilien verkaufen*, 2. Auflage, Springer Fachmedien, 2021

Blaß, Bettina, *Das Umzugs-Set*, Stiftung Warentest, 2019

Burk, Peter, *Kosten- und Vertragsfallen beim Immobilienkauf*, 3. Auflage, Verbraucher-Zentrale NRW, 2019

Füllbeck, Massimo, *Wohnungseigentum*, C.H. Beck, 2021

Palmowski, Stefan, *Das Pflegegutachten*, 4. Auflage, Verbraucher-Zentrale NRW, 2021

Meierhofer, Ernst / Roth, Andrea / Thurnherr, Stefan Schuppli, *So sind Sie richtig versichert*, 9. Auflage, K-Tipp-Ratgeber, 2019

Dittmann, Willi / Haderer, Dieter / Happe, Rüdiger, *Einkommensteuererklärung 2020/2021 – inkl. DVD*, Haufe-Lexware, 2020

Depré, Peter / Belser, Karl-Heinz u.a., *Die neue Vorsorge-Mappe*, 7. Auflage, Walhalla und Praetoria, 2020

Koch, Marianne, *Das Vorsorge-Buch*, dtv Verlagsgesellschaft, 2016

Schachner, Thomas / Angerer, Claudia, *Das bewegte Herz – Bewegung statt Medikamente*, Goldegg Verlag, 2021

Sturm, Friederike, *Geistig Fit Aufgabensammlung 2020*, VLESS, 2020

Stein, Anette / Schulze, Eike u.a., *Vorsicht Falle!*, Akademische Arbeitsgemeinschaft Verlagsgesellschaft, 2021

Franken, Marcus / Götze, Monika u.a., *Einfach öko*, oekom verlag, 2017

Adressenverzeichnis

ASB Deutschland e.V.
Bundesgeschäftsstelle Köln
Sülzburgstraße 140
50937 Köln
Telefon: 0221 / 476050
E-Mail: info@asb.de
asb.de

Johanniter Seniorenhäuser GmbH
Finckensteinallee 111
12205 Berlin
Telefon: 030 / 2309970-401
E-Mail: info@jose.johanniter.de
johanniter.de/johanniter-seniorenhaeuser

Malteser Hilfsdienst e.V.
Erna-Scheffler-Str. 2
51103 Köln
Telefon: 0221 / 9822-0
E-Mail: malteser@malteser.org
www.malteser.de

Im Internet kann nach weiteren Adressen gesucht werden.